情緒治療

走出創傷，BEST療癒法的諮商實作

周志建 著

你受過傷，但你不必再痛。

感謝你沒有放棄過自己

本書獻給所有的童年創傷倖存者

目錄 CONTENTS

Part 2 童年創傷

Part 3 認識情緒、解構情緒

Part 4

BEST創傷療癒法的重要概念與學員體驗回饋

Part 5
BEST創傷療癒諮商實作

Part 6
創傷復原與自我照顧

感謝心理諮商先進與國內外知名醫師、心理師熱情推薦

◎鄧惠文（精神科醫師，國際分析心理學會榮格分析師）
◎許瑞云（《哈佛醫師心能量》《心念自癒力》作者）
◎曹中瑋（退休教授，資深諮商心理師）
◎謝文宜（實踐大學家庭研究與兒童發展學系教授）
◎呂旭亞（督導級心理治療師，國際分析心理學會榮格心理分析師）
◎留佩萱（美國諮商教育與督導博士，美國執業諮商師）
◎蘇絢慧（諮商心理師，璞成心遇空間心理諮商所所長）
◎凌坤楨（催眠治療訓練師，著有《療癒，藏在身體裡》）
◎王大維（國立屏東大學教育心理與輔導學系助理教授）
◎賈紅鶯（督導，心理師）
◎張志豪（諮商心理師，實踐大學家庭與兒童發展學系助理教授）
◎林世莉（啓宗諮商所所長/諮商公會全國聯會監事）
◎連廷誥（遇見心理諮商所所長，退休教授）
◎洪仲清（臨床心理師）

◎林盈君（看見光亮心理諮商所所長，敘事取向督導）
◎陳志恆（諮商心理師／暢銷作家）
◎鍾國誠（大休息心理諮商所所長）
◎陳盈君（左西人文空間創辦人）
◎詹宗熙（臨床心理師）
◎周純媛（諮商心理師）
◎黃柏嘉（諮商心理師）

推薦序 1

讓愛流動，從承認創傷的痛苦情緒開始

蘇絢慧

收到志建老師的新書文稿及推薦序邀請，非常欣喜。老實說，等很久了，因爲志建老師的書「很好看」。所謂的「很好看」，是你會有一種親切感，感受到志建老師很平實眞誠地在與你「談創傷」，讓你對自身的創傷有一些勇氣及力量，去做更深與清晰的看見，同時把自己眞實的體會和感受認回來，讓我們活出生命的完整。

這本書在志建老師的娓娓道來下，讓我們得以一點一滴認識童年逆境、家庭暴力創傷，知道毒性教養及黑色教育是如何造成我們身心失衡、毒害我們的身心健康。

童年的創傷，往往發生在嬰幼兒時期，那正是我們對一切的遭遇最感到無能爲力的時候。可想而知，我們要怎麼讓自己在創傷壓力中活下來呢？答案往往是透過防衛機制，諸如：否認、內攝、壓抑、轉移和補償，讓自己遠離眞實的痛苦和創傷感受，好繼續活在艱困的環境裡。但如此卻也造成我們的身心淤積及阻塞，久而久之，淤積不通、身體就痛，童年逆境的創傷因此化爲另一種身心疾病的苦痛，不斷糾纏我們。

身體本身就有療癒力、復原力，只要能釋放過去難以面對的創傷情緒與壓抑囤積，我們就能重新調整內在身心系統，與愛的療癒能量好好連結，成為一個有療癒力的有機體。感謝志建老師分享的BEST創傷療癒法，他這本書正是在傳達這個寶貴的訊息。

所有的孩子，都期盼被父母接納與愛著，以至於我們用盡全力去順應父母的對待方式，不管他們如何不合理、不理性地將情緒和生活問題拋置在我們身上，我們都必須無條件地承受。於是無意識中，我們的身體就承受了龐大被虐待的暴力情緒，這就是讓我們後來身心失調的主因。

身體眞的為我們承擔太多、吃很多的苦。所幸身體也是我們最誠實的夥伴，當我們慣性且無意識自我隔離的同時，身體會透過疼痛來發聲，提醒我們要眞實面對自己，承認過往的遭遇，並好好撫慰自己的傷痛。

很誠摯推薦你這本好書，如果此刻你正深受身心痛苦的折磨，願你拿起這本書，好好陪伴自己，去療癒傷痛，與自己和解。

（本文作者為諮商心理師，璞成心遇空間心理諮商所所長）

推薦序 2

面對創傷，你的身體都記得

留佩萱

寫這篇推薦序時，剛好是我任教學期的期末。這學期我教了創傷諮商這門課，這是所有課程中我最喜歡教的一門，因爲可以在教學過程中繼續學習創傷治療。

我常常笑著跟朋友說我對創傷「痴迷」——我想讀遍任何和創傷有關的研究、書籍與文章。所以當志建老師把書稿寄給我時，我非常興奮：哇，又有跟創傷治療有關的書可以讀了。

心理治療最迷人的就是每位心理師的風格都不一樣，「我們和個案所在的地方，與他們相見」（這是我最喜歡的一句話：「Meet the clients where they are.」），然後和他們一起走去他們想抵達的地方。如同志建在書中所說的，心理治療不是固定的，是流動的，也因此，認識不同的治療方法，並且理解這些方法中融入哪些元素非常重要，這樣心理師才能靈活運用，提供個案需要的方式。

在創傷治療中，我常常聽到個案說：「我不記得小時候發生什麼事情。」童年的記憶像是一團迷霧，他們想不起來、看不清楚。我會跟個案說：「你的大腦可能不記得發生什麼事情，但是你的身體都記得。」

當威脅發生時，我們的神經系統會進入「戰或逃」或「關閉／凍結」狀態，這是身體非常重要的生存機制。研究顯示，當我們進入「戰、逃、關閉／凍結」狀態時，大腦的語言區會關閉。也就是說，創傷沒有語言，我們對於創傷事件的敘述像是碎片一樣，一片一片地無法連接起來，但創傷會儲存在我們的身體裡、感官裡。

許多早年的創傷，也都是沒有語言的。嬰幼兒剛出生或前幾年，是用情緒和肢體在感受這個世界，因爲語言與邏輯能力尚未發展完全。這個階段發生的創傷，像是有需求時，照顧者無法回應、照顧者情緒不穩定、任何形式的暴力、情緒與身體上的疏忽等，這些創傷都沒有語言，而是儲存在你的身體裡，讓你的身體神經系統習慣處在「戰、逃、關閉／凍結」狀態，不知道如何回到「感到安全」。

這也是爲什麼創傷治療必須回到身體上，因爲治療的重點不是要恢復早年的記憶，而是要讓你的身體可以重新感受到安全。這也是志建老師BEST創傷療癒法最想強調的重點。

BEST創傷療癒法是一個結合身體、情緒，以及故事療癒的治療方法。不管你是心理治療師或是想要探索自我的人，都可以藉由這本書的方式，開始練習關注身體和情緒。

當身體回到安全狀態後，我們就可以重新說故事。我們無法改變過去發生的事情，但可以決定現在你要如何說故事。

一切都從身體開始，你的身體不斷傳遞訊息給你，你願意開始聆聽嗎？

（本文作者爲美國諮商教育與督導博士，美國執業諮商師）

推薦序3
創傷到療癒，生命的功課與力量

凌坤楨

創傷是生命中的一個艱難關卡，創傷倖存者遭受許多莫名身心症狀和強烈不安情緒的折磨，經常背負罪惡感與羞愧，懷抱著負面的自我認同，對人難以信任、警戒不安或退縮抽離，覺得自己沒有價值，甚至對於自己能否變好也不抱希望。

也因此，協助創傷倖存者對治療師而言是一大挑戰，助人者除了需具備相當的專業能力外，更要能夠提供穩定慈愛的支持。這正是我看到這本書時，由衷的感受。我也欣喜地看見由志建老師長年實務工作的洞見與整合，而發展出來這套切實可行的BEST創傷療癒法。

在我的實務經驗中，當操作催眠回溯治療時，個案往往有退行（regression）的表現，除了有孩童的姿態語氣之外，也會出現受虐時的身心狀況和情緒反應，例如身體瑟縮與懼怕，緊繃顫抖和疼痛。這些「情緒及身體的『回到現場』」，揭示著創傷是一種在身體內的凍結經驗，這也是造成日後多種莫名身心困擾和不良情緒行為模式的根源。

其實，創傷一直在身體裡。研究創傷復原技術的彼得．列文（Peter A. Levin）博士說到：「創傷症狀源於未獲解除與釋放的殘留能量，它們仍然被困在神經系統裡，持續肆虐吾人的身體和精神。」

這說明了爲何以認知爲主（由上而下，top-down）的談話性治療效果有限。列文博士認爲療癒創傷必須採取由下至上（bottom-up）的治療程序——從身體覺察開始，並有系統地做情緒釋放。這也是本書提到的：「**從身體切入，覺察情緒，回到童年過往的創傷時刻去做情緒釋放。**」誠哉斯言！

從書中的許多案例故事中，能看到志建老師的做法不僅契合關鍵，甚爲巧妙，且帶著溫柔的詩意。

他在書中提示：創傷療癒的重點就在「情緒」。確實，在助人實務上，情緒的接觸與接納至爲關鍵。創傷倖存者因遭受暴力或驚嚇，容易形成低自尊、無安全感，因此治療者成爲「容器」，以及對倖存者提供「抱持」（holding），就相當重要。

當個案能夠被溫柔地聆聽及對待時，內心長年壓抑的情緒就可以鬆動、流動，當倖存者的情緒可以被治療者穩穩承接時，他生命裡因創傷而形成的狂暴激流，就能轉變成通暢開敞的河流。

在讀這本書時，我屢屢感受到志建老師以其智慧的語言和對人深厚的關懷，溫柔地承接了來訪者的創傷，打開他們內心封閉已久的心扉，讓療癒自然發生。

志建老師的ＢＥＳＴ創傷療癒法，整合了身體、情緒、故事三個有效元素，釋放身體內殘留的創傷「凍結能量」，讓情緒流通，並透過故事述說與意義再建構，爲來訪者的苦難經驗與生命，帶來洗滌、清理與轉化的力量。這對台灣心理治療實務界而言是一個嶄新的貢獻。

（本文作者爲催眠治療訓練師，《療癒，藏在身體裡》作者）

更多好評推薦

◎在閱讀志建老師的書稿時，剛好是我家孩子發燒、半夜哭鬧討抱的時刻。說也神奇，當我把孩子抱在懷裡，幾分鐘後他就停止哭泣，繼續沉睡。你說「擁抱」能治好發燒（身體病痛）嗎？當然不行。但顯然「擁抱」能平撫孩子因身體不適所帶來的不安與焦慮（心理不適）。身體擁抱接觸所帶來的心理療癒感，正是志建老師這本書說的「身體手療」概念，眞是巧妙的共時性啊。

這本書除了很適合心理治療工作者閱讀外，我最想推薦給醫生。若是第一線的醫護人員也能具備創傷知情概念，那許多因早期心理創傷影響生理的民眾，就有機會及早獲得最好的心理治療幫助了。

——周純媛（諮商心理師）

◎志建把身體、情緒與故事療癒的關係，說得好通暢、好流動，我想那是因爲志建本身就是活在這樣的通暢裡了。

或許因爲如實走過、如實體證，志建的「BEST」充滿了溫暖的力量。

閱讀的當下，彷彿我也在跟自己對話，讓我對自己更加敬重、疼惜，此刻我的心暖暖的。

從志建的文字，我感受到了愛自己的能量。這是一本好看的書，真心推薦給你。

——鍾國誠（大休息心理諮商所所長）

◎這是國內第一本整合情緒、身體與敘事的創傷療癒書，我個人非常喜歡，強力推薦給跟我一樣從事心理治療的工作者。

——連廷誥（遇見心理諮商所所長）

◎看著志建的文字，內心也跟著流動、感動著，同時也被療癒了，真心推薦給渴望被療癒、渴望完整的你。

——陳盈君（左西人文空間創辦人）

◎這本書最讓我觸動的是，志建老師用整合性治療方式，去陪伴創傷者看見被遺忘的自己，過程相當溫柔，教人感動。人一旦被看見、被理解了，生命就流動，新故事就開展。這是一本值得細細品味與療癒的好書。

——林盈君（看見光亮心理諮商所所長）

◎志建老師引導我們帶著創傷知情的觀點，進入一趟情緒探索之旅，這本書最大的特色是：它整合了「身體」「情緒」與「故事療癒」三元素，創造自我療癒的新空間、新的可能性，這是一本值得你閱讀的療癒書。

——陳志恆（諮商心理師／暢銷作家）

◎本書整合了當代心理治療取向的重要元素：敘事、情緒及身體，搭配實務案例，志建將創傷療癒的歷程描述得生動又細緻。

——王大維（國立屏東大學教育心理與輔導學系助理教授）

◎我非常喜歡志建這本書，書中道盡「沒有一個幸福的童年、完美的父母，這不是你的錯。但療癒自己的童年創傷，卻是你的責任」。療癒家庭創傷就從這本書閱讀起，我極力推薦。

——林世莉（啓宗諮商所所長）

◎這是一本敘事與創傷療癒匯流而成的好書，特別值得推薦給學心理的你，或也有過童年創傷的你。

——詹宗熙（臨床心理師）

◎透過眞實、溫暖且誠懇的文字，志建幫助讀者傾聽身體中潛藏的訊息，找到通往身心靈合一的路徑，推薦給想要自我療癒的朋友。

——黃柏嘉（諮商心理師）

自序
不求，讓一切自然流動、自然發生

因爲疫情的關係，我今年不能像往年一樣去京都賞櫻、賞楓，每年在大陸的私塾課程也被迫取消，突然間多出了許多時間，讓我「不得不」好好地把這本書完成，可謂「塞翁失馬」，一切都是最好的安排。

一位諮商前輩收到稿件後，迫不及待地打電話給我，說：「志建，我很喜歡你這本書。哇！你的BEST情緒治療好特別，巧妙地整合了心理治療各學派的精髓，成爲自己的東西，這本書將是從事家庭創傷治療師們最佳的參考書。」

前輩過譽了。感謝前輩的抬愛，雖欣喜，但我很明白，我只是單純想分享自己這幾年做創傷療癒的經驗而已，不敢自大。BEST不是自創學派，它是我這些年諮商經驗與生命經驗的整合，沒有刻意，生命自然而然就走到這裡。

我是一個任性的人，我一直是「非主流」。連我做的敘事都不像一般「正常的」敘事那樣，在敘事裡其實我也是「非主流」。

二十年來雖然自己一直「安分守己」地從事敘事治療，每年做著同樣的事，心境卻年年不同，我已經從「求生存」的階段走到現今「享受做治療」的階段。

我深信：一個好的治療師是流動的。

我的治療工作，隨著我的人生際遇與心境不斷變化、轉化著。不知從何時開始，我漸漸**回到「身體」**、**專注「情緒」**，我渴望回到生命的本質裡去看見，我想去碰觸生命的底蘊，這讓我的治療更落地，也更貼近生命。

生命是流動的，我與我的治療工作也是如此。**流動**（Flow），**是生命的本質、是療癒的開始。流動，也是我做**BEST**情緒治療的要訣與精神**。

這些年，我的生命走進秋天，靜水深流，我不再那麼激進澎湃，活著也不再非怎樣不可。面對多變的世界、複雜的人性，我願保持一顆開放的心，帶著好奇與善意，去對話、去理解，靜觀其變，讓一切自然發生，怎樣都好。

這本書不見得適合每個人。如果你不是心理師或教育工作者，你也沒有一個讓你辛苦的父母或童年，這本書你絕對可以自動跳過。

那這本書適合誰呢？

1.心理助人工作者。包括心理師、社工師、輔導老師、學校教師、醫生、醫護人員、輔導志工等。

2.如果你跟我一樣，童年過得比較辛苦，你也有一個不完美的家庭、不完美的父母，這本書或許可以幫助你有更深入地看見、理解或解脫。

3.如果你剛好有些身心疾病的困擾，像是憂鬱症、焦慮症、強迫症、暴食症、自律神經失調等。或你的身體經常有不明疼痛，像是頭痛、肩頸僵硬、背痛、胸悶、心悸、胃痛、過敏、異位性皮膚炎、癌症、腫瘤等，而且你懷疑這些「生理」疾病可能跟你的「心理」壓力、情緒有關，那麼這本書或許可以幫助你一探究竟。

如果當下你正在翻閱這本書，我想那必定是一個奇妙的善緣，或許是你的生命想藉由這本書來告訴你一些什麼？我依然浪漫地相信：**一切都是靈魂的召喚**。

年過五十，心境淡泊許多。我不去想這本書是否大賣，也不求在心理治療界要有什麼地位名聲，這些都不再是我的渴望。現在我所想望的，就是繼續任性、開心地做著自已喜歡的治療工作，簡單、安靜地過日子，這樣就好。

最後，衷心感謝所有與我相遇的個案與學員。這本書幾乎是我這幾年諮商實務的精華，沒有他們，就沒有這本書。從另一個角度來說，他們是我做 BEST 創傷療癒的老師。

本書所給出的故事，幾乎都是我多年的臨床經驗，所有的故事，我都會去除主角可辨識的資料或做大篇幅的內容修改來掩飾他們的身分，目的是爲了保護當事人的隱私。但所謂**「一人故事，衆人故事」**，如果你看到某一個故事「跟你很像」，只能說「一切純屬巧合」，請不要想太多，有領悟最重要。

在二〇二〇年出版這本書對我是有意義的，今年剛好是我做敘事滿二十年。人生沒有幾個二十年，在我人生的黃金歲月能與敘事相逢，浸泡在敘事的美好裡，何等幸福啊。

如今，生命把我從敘事帶到BEST創傷療癒法，必然有它的深意，我願順著這個流流動，繼續開展自己，樂見並深信：我的生命與治療工作或許還有更多新的可能性。

如果這本書可以爲你帶來一些觸動、啓發，我很開心。如果沒有，也沒關係，不管怎樣都好。活著，開心就好。

保持開放、讓生命流動，身心自然就健康，這是我這些年做BEST創傷療癒最深的領悟。

Part 1

流動，是療癒的根本——

我是如何從敘事諮商師
變成 BEST 創傷療癒師？

從敘事療法走到情緒治療，

從後現代故事療癒走向身心整合療癒，

生命，是不斷流動的過程。

1 生命不是固定的東西，治療也是如此

做敘事的奧祕在於
我們總能夠在生命的陰暗處，
看見生命閃爍的微光。

生命是流動的，生命不是固定的東西。

認識我的朋友都知道，我在做敘事治療（Narrative Therapy）。從二〇〇〇年念師大碩班開始，我就一頭栽進了敘事的大海裡，沒日沒夜地沉浸其中，我所說的話、所做的事，幾乎都是敘事。漸漸地，我變成了敘事，敘事也變成了我。

後來，從師大博班轉到輔大博班，我的敘事也從邁克・懷特（Michael White）的敘事，轉向翁開誠的敘事（翁開誠是我的指導教授）。幾年後，我的敘事轉化成了「故事療癒」（Story Healing）。其實治療本來就不是固定的東西，我的敘事也是如此。

「**當一個人開始說故事，他的生命便產生流動。**」這是翁開誠式敘事的重要基理，也是我多年的諮商實務經驗。

過去的經驗告訴我，說故事，是一種反身、一種看見。這樣的看見是有脈絡的、多元的、靈性的、慈悲的看見，並非頭腦看見。一旦人有了不一樣的看見，生命自然有不一樣的發

展，帶出新的可能性。這也是敘事迷人的地方。

幾乎所有療癒都是從「看見」開始（或稱洞察，insight）。故事就是生命（story as life），生命就是故事。說故事重要，但聽故事更重要。

在「敘事的聆聽」裡，我們看見的是生命的「不放棄」與「韌性」，不是生命的「不能」與「失能」。

生命不會永遠光鮮亮麗，敘事則讓我體悟到：**有時，黑暗也是一種力量**。說故事，讓我們進入生命的陰暗底層，看見光與力量。一個人的生命不會永遠只有光明或黑暗，**而是像太極圖，黑中有白、白中有黑，黑白相間、來回流動，這才是生命的真相**。

故事也是如此。再悲慘的故事，總能看見生命的微光，做敘事的奧祕就在於**我們總能夠在生命的陰暗處、看見生命閃爍的微光**。當故事走到深處時，已經沒有黑白對錯之分，有的只是理解與感動。

我喜歡聽故事。

二十年來，倘佯在敘事的大海裡，感謝每個個案的故事大大豐厚了我的生命。

敘事的後現代思維不只改變我的諮商工作，更大大改變我的生活態度與價值觀，也提醒了我：時時保持彈性、警醒與反思，這對於從事心理工作的我而言，是十分寶貴的禮物。

2 當你讀懂了情緒，你就讀懂了人

情緒治療工作充滿挑戰，
因為你必須夠勇敢、夠真實、夠直覺，
也要夠慈悲。

「可是單單說故事、聽故事，就夠了嗎？療癒就會產生嗎？」很多人可能有這個疑問。我必須誠實地說：對有些人可能夠了；但是對有些人可能還不夠。

說故事讓生命產生流動，但個案給出來的，不單單是故事「內容」而已，伴隨著故事流動出來的，是情緒（當然還有情緒背後的渴望與傷痛）。

情緒不是個簡單的東西，它是複雜、多元、難懂的。

就像你的憤怒裡通常不是只有單純的憤怒，底層可能還潛藏著悲傷、恐懼、焦慮等多元的情緒交織在一起。

要讀懂情緒不容易啊。所以，**當你讀懂了情緒，你就讀懂了人**。

於是這讓我明白一件事：不能光聽故事、光做脈絡性的理解，或做故事解構，這是不夠的；也不能光同理，同理雖然是關係建立的基礎，但也不能一味地同理。聆聽故事更需要的是聽到故事背後「高深莫測的情緒」。情緒的背後，其實就是創傷。

情緒是生命的一部分，你無法忽略情緒。**忽視情緒，就是忽視生命。**

作爲一個治療師，如果我不能「接住」案主的情緒，幫助來訪者覺察，老實說，我對他的幫助是有限的。這是我做心理諮商二十年來的體悟，也是爲什麼我會從敘事走到故事療癒，再走到BEST情緒治療的原因與脈絡。

現在，**我的敘事聆聽不光是聽「故事脈絡」，更去聽「身體」、聽「情緒」**。這是一個有趣的轉變，它其實也象徵著我個人生命的轉化。

我喜歡這樣的轉化，這代表：我是活的，我是用我這個「人」在做諮商工作的。我期待自己可以保持彈性，沒有固定模式、不執著固定理論，永遠保有一顆開放的心，這讓我的治療工作可以越做越深入，也越迷人。

我發現：**情緒治療工作充滿挑戰，因爲你必須夠勇敢、夠眞實、夠直覺，也要夠慈悲。**進入詭譎多變、波濤洶湧的情緒底層，除了讓我一窺生命的瑰麗，也更加貼近來訪者的靈魂。面對這樣的轉變，我興奮極了。這也是我寫這本書的目的，我很想跟大家分享這個經驗。

3 後現代社會建構論對童年創傷的幫助與誤用

不是社會建構論的概念「不好」，
而是你使用的時機「不對」。

從事敘事諮商二十年，我體驗到後現代概念對童年創傷者的某些部分是有幫助的，譬如：社會建構論、脈絡性的理解、支線故事等。

如果你家裡也有重男輕女的問題，透過社會建構論你會明白，這是社會傳統的問題，不是你家「獨有」的問題（意思是：你家沒有很奇怪、不正常）。

面對一個從小被家暴、受虐的創傷倖存者，敘事諮商師不只是看到他小時候被虐待的故事，我們也會去聆聽他除了受暴以外的故事，譬如：雖然他從小爹不疼、娘不愛，父母都不讓他念書，但他卻依然沒放棄自己，半工半讀一路念到大學畢業。在這個「**支線故事**」裡，可以看見他的生命裡不放棄的堅毅內在力量。這樣的「看見」，會幫助當事人重新建**構新的自我認同**，產生自信。

那麼，後現代理念對創傷者都無往不利嗎？也不盡然，因為經常有人誤用。

面對家暴受虐者，當你很快給出社會建構理念，告訴他：「父母虐待你，其實也不是父母的錯，因爲父母也是這樣被他們的父母教育的，其背後是社會傳統『棒打出孝子』的理念。」這樣的解釋本身沒有錯，但是當我們很快給出這樣的概念，企圖要當事人理解並「原諒」父母當年施暴的行爲時，問題就來了。

從事敘事諮商多年，我發現有些人確實可以透過社會建構理念，讓自己內在的糾結「鬆」掉些（原來父母不是針對我，而是被傳統觀念所困）；但我也發現，有些人不會因此就「不恨了」，反而心裡更糾結（如果不能怪父母，那我要怪誰？難道是我倒楣生在這個家庭嗎？），而且這樣的人還爲數不少。

因此我發現，**不是社會建構論的概念「不好」，而是你使用的時機「不對」**。**情緒過不去，理性出不來**。這些年的創傷治療經驗讓我學習到，如果不先處理創傷與情緒，太快且直接給出社會建構的觀點，這是沒用的，那會變成「理性的教導」。難怪有人會認爲後現代是「認知取向」，其實是誤用了。

我的經驗是：要先讓當事人好好說故事，從故事中帶出情緒，也從情緒帶入童年受傷經驗，兩者需反覆進行。

讓當事人的情緒充分被看見、被理解、被接納、被釋放以後，接下來再給出社會建構概念，邀請當事人去「看見」父母的施虐行爲是怎麼來的？背後有哪些社會文化因素，這時候帶出的「脈絡性理解」與「解構」，才能眞正幫到受暴當事人。

後現代理念第二個誤用是：**太正向了**。

有人以爲後現代只談正向經驗、例外經驗、閃亮時刻，所以面對當事人生命的艱苦及受虐經驗時，就一直閃避，不願意正視面對。難怪有人會說後現代屬於正向心理學，這其實又是一大誤會。

過去我的督導經驗裡，曾有好幾位宣稱做敘事的督生，就是這樣做的：一味地做「問題外化」（人不等於問題）；一直在找「例外經驗」，卻遲遲不願意去碰案主的創傷經驗，更不敢去碰案主的情緒。所以他們的治療通常很淺、很表面，因爲不敢深入情緒與議題核心，去看見創傷的源頭，於是只能在外面一直繞啊繞的，實在可惜。敘事不是這樣做的。

這樣的誤用不在少數，連我認識教敘事的專業老師也是如此。

有一次，一名學生告訴我：「某老師說『家暴』的概念是被建構的。在我們的文化裡，父母打小孩是很正常的事，不能動不動就說家暴。我們要尊重每個家庭的教養方式，那是『在地性文化』。」聽到這裡，我當場捏把冷汗，心裡很火。天啊，竟然有人如此理解「在地性」，我能說什麼呢？

老實說，這也是我寫這本書的目的。**後現代的概念很好用，但不能誤用**。不能一味地只有解構、做問題外化、找例外經驗，以爲這就是敘事。我們還是得老老實實地聽故事，進入當事人的生命深處，去看見他的情緒與童年創傷，這是「基本功」，不能省略。

4 百分之八十的疾病都跟情緒有關

痛，其實是身體想要給你的訊息。
痛，帶來改變的力量。

這些年的諮商實務還讓我注意到一件事：來到我面前的案主，越來越多人不光是感到心理、情緒上的痛苦，許多還伴隨著身體的疼痛，甚至各種不明原因的疾病纏身。

一名十八歲青少年，因爲憂鬱症無法上學。他的身體經常莫名其妙地疼痛，尤其是頭部、背部。他做過無數的身體檢查，醫生都說他沒病，但他的痛是眞的。他上學通勤，公車經常爆滿，當人多擁擠時，他的身體一被碰到就會開始痛（他形容像被針刺到一樣）。每當他跟父親的關係緊張，或擔心自己的功課跟不上時，他的身體就開始痛，甚至痛到無法起床。因爲無法起床，自然就無法上學。

一位女士從小生長在重男輕女的家暴家庭，她的父母經常對她施以肢體暴力、言語暴力、情緒暴力。從小，她就經常生病，莫名其妙的下腹痛、異位性皮膚炎、過敏，直到長大都是如此。

每當壓力一來，她的皮膚就開始癢。有一次晤談她告訴我，某天她的手機響了，她一看是母親打來的，電話都還沒接，她的異位性皮膚炎立刻上身；跟母親講完電話以後，她全身紅腫、奇癢無比。

另外還有一位婦女，我在晤談中邀請她冥想、觀想自己的身體。然後她感覺到體內有一個熱熱的東西，我請她形容那樣「東西」，她說像是一個被生鏽鐵鍊綁住的箱子。我邀請她靠近箱子，打開看看裡面裝了什麼？她立刻心生畏懼，怯怯地說：「我不敢。」我當然不勉強。

於是我問她：「如果要給它命名，妳會叫它什麼？」

她毫不猶豫地回答我：「怒怒。」

當下我馬上理解了，那可能跟她壓抑在內心許久的「憤怒」有關。

三週後，當她再來見我時，卻帶來一個天大的消息。雖然她說這是老天給她的「禮物」，但我想每個人聽到一定昏倒。她罹患了乳癌。

上次晤談回去後的某一天，當她洗澡時，竟然摸到自己左邊乳房有個硬塊，她立刻有不祥的預感。隔天去醫院做切片檢查，一週後醫院通知她，是惡性腫瘤，需要做化療。

接下來幾個月，她一邊接受化療、一邊跟我晤談，這是一次相當奇妙的經驗。

透過癌症，她深刻地看見自己，認回自己內在的憤怒與恐懼。半年內她徹底將自己身心做了一個大翻轉，她的身體療癒與心理治療幾乎是同步進行的。

我十分珍惜這半年多來陪伴她度過化療的晤談經驗，它開啓了我對身心疾病與情緒的新認識與新看見。

半年後，她的療程順利完成，癌細胞不見了，而她的心理也跨了一大步，內在長出了力量，成爲一個嶄新的人。她終於跟自己和解，也跟父母和解了。

癌症與情緒密切相關，在醫學研究裡已經不是祕密，而是被證實的事，但想不到在我的臨床經驗裡，就碰到好幾個。

百分之八十的疾病都跟情緒有關，身體與情緒息息相關，這幾年我接觸的個案經驗也呼應國外臨床的研究結果，讓我對身體、情緒與疾病關係的心理治療更加感興趣。

我的個案裡，大多數經歷過童年創傷、家庭暴力、被性侵、虐待、情感忽略的案主，除了有情緒失調、人際議題、不健康的依附關係或上癮問題以外，很多人還伴隨著身體的疼痛與疾病，像是失眠、頭痛、胸悶、胃痛、心悸、腰痠背痛、異位性皮膚炎、過敏、氣喘、過度換氣、呼吸困難、腫瘤，甚至嚴重如癌症等等，活得很辛苦。

我才發現：**痛，其實是身體想要給你的「訊息」**。有時的痛，不單純是「生理」問題，或許跟你的「心理創傷」有關，尤其是童年經驗。

5 身心靈一體，這不是分開的三件事

沒有人不想放鬆的，
腦袋雖然知道，但就是做不到。
做不到的原因通常是：心裡有個「坎」還過不去。

我漸漸明白：身心靈不是三件事，而是同一件事。

「心理」的創傷會直接影響到我們的「身體」、生活品質、工作與人際關係。

自律神經失調是近年很流行的名詞，許多來到我面前的個案都告訴我，他們被診斷出這種疾病，身心失調似乎成了現代人的代名詞。他們經常失眠、心悸、心跳加速、盜汗、莫名焦慮、恐慌、不安、無力感、身體不明的疼痛等，這些「不速之客」把他們的身心與生活折磨得好慘。

「自律神經失調」有的醫生說詞是：「過度使用自己」，那是一種腦袋停不下來的焦慮症。治療中，醫生最常給人的建議就是「放鬆、放鬆、再放鬆」。

放鬆，談何容易？

沒有人不想放鬆的，腦袋雖然知道，但就是做不到。做不到的原因通常是：**心裡有個**

「坎」**還過不去**。

一名暴食症的個案跟我談了一年，從一開始談童年創傷、父母虐待、情感忽略的故事，我爲她做了多次 BEST 情緒釋放及內在小孩療癒，她的暴食情況好轉許多，但只要壓力一來，她還是狂嗑猛吃。

直到有一次，在她給出另一個**關鍵故事**時，她暴食的行爲才終於停止。原來，小時候她曾經遭受性侵。

當這個埋藏在心裡面四十年的祕密曝光以後，她的暴食症從此消失了。

如果一個人沒有去療癒過去的創傷，想要安穩過日子、好好活在當下，幾乎很難，我的個案大多如此。這就是爲什麼有些人活著一直感到焦慮、不安，無法放鬆的原因，那是因爲過去某個創傷（尤其是童年創傷）還沒走過去。

身心靈三者息息相關。打個比方，它們就像相互轉動的齒輪，一個動，會帶動另一個也動。我之所以有這樣的體悟，其實是來自十八年前我的自身經驗——我曾罹患坐骨神經痛。那個「痛得要命」的經驗，教我畢生難忘。

這場病痛是我生命中很重要的經驗，在我的書《**把自己愛回來**》裡，曾把這段故事做了完整的敘說。

敘說之後，我才發現這個疾病其實跟我的「**生活習性**」有關（因爲我太努力工作，經常熬夜、久坐、不給自己休息），而這個生活習性，其實根源於我的原生家庭，與童年創傷有關，那是我的「**生存模式**」。

說得更明白一點，其實我也是一個不容易放鬆的人。

我發現那是從小我的家庭帶給我的「**生存焦慮**」，因爲我必須成爲一個有用、有功能的人，我才值得被愛。

在我「努力工作」的模式背後，眞正的始作俑者就是我的生存焦慮與恐懼。當人焦慮時會產生一種「防衛機制」，它也是一種「驅動力」，會讓你在某一個模式裡不斷反覆循環。就像很多人都有「討好模式」，但他就是沒有辦法「不討好」啊，因爲這是他賴以爲生的「生存模式」。

後來寫博士論文，當我開始敘說自己的家庭故事時，我才看見自己努力背後的「情緒」，其實是恐懼與生存焦慮。而這個「**生存焦慮」的背後，其實是「愛的匱乏**」。看見，即是療癒的開始。最起碼，我的坐骨神經痛好了，而且至今過了十八年都沒有復發，因爲我學會了愛自己。現在，我也活得比以前輕鬆許多。

一場大病，讓我照見自己，也看見身心靈三者息息相關，彼此間如何緊密交纏著。

身心靈合一觀點拓展了我的諮商視野，幫助我「超越」敘事，開始以「身心整合」的全方位觀點去看待生命，這就是我做ＢＥＳＴ的起始點。

6 幾乎所有的痛苦都來自童年創傷

最難處理的傷，
就是來自你原生家庭的傷。

創傷經驗就像，你的胸口被狠狠地打了一拳，你的身體與心理都很痛，過幾天後，你身體的傷可能會慢慢復原、不痛了，但你心理的痛（被羞辱的委屈、驚嚇、恐懼、憤怒）卻不會輕易過去，它會繼續隱藏在你的身體裡、隱隱作祟，教你生活不得安寧。

到目前爲止我所接觸的個案，有百分之九十以上的人，他們的痛苦「根源」幾乎都與原生家庭的創傷（或童年創傷）有關。

小時候被家暴、被虐待、情感忽視、被批判、被否定、被性侵，這些創傷記憶就是大人在你身上重擊的「**狠狠的一拳**」，不要忽視這個打擊與創傷，它們都不會因爲你長大以後就消失不見，不會的。這些創傷與痛苦會深深地埋藏在你的身體裡、變成你的「**陰影**」（榮格的說法）、你的「**未竟事宜**」（Unfinished business，完形理論），影響你一輩子，教你坐立難安。

我深刻地體悟到：**最難處理的傷，就是來自你原生家庭的傷。**

很多人帶著家庭的傷，痛苦終生，一輩子不幸福，直到死前依然無法解脫（眞的是至死方休）。

不要小看童年大人給的「那一拳」，童年創傷深深影響著你日後的生活、婚姻、工作、人際、健康，當年沒走完的情緒，會一直積累在你的身體裡面（細胞會記憶），阻礙你一生的幸福與快樂，這件事你不能不信。

7 讓「無意識」的情緒變成「有意識」的感受

每一個情緒的背後，其實都有一個創傷的「故事」。

自覺是治療的開始。療癒創傷，覺察是最重要的一步。問題是要如何「覺」？

情緒是無意識的反應，它是一種盲目、反射性的動作，有時就像突然刮起的一陣風，莫名其妙地就闖進來。

所以有人每到天黑時，就開始焦慮害怕；有人一遇到權威者，就感到畏懼想逃；有人不小心打破一個碗，就立刻嚇呆，身體僵硬。這些情緒反應都是無意識反應，不是腦袋可以控制的。

情緒雖是無意識的反應，但其實每一個情緒背後都是「有道理」、有跡可尋的。**每一個情緒的背後，其實都有一個創傷的「故事」**。

BEST**創傷療癒法，就在將「無意識的情緒」轉化成「有意識的感受」**。

我們幫助當事人「有意識」地去覺知情緒、感受情緒、辨識情緒，進而去理解情緒、讀懂情緒背後的故事。在這個有意識的感受與辨識的過程中，我們就對自己做了深度的探索與理解，而療癒就在其中。

但要如何將無意識的情緒「**意識化**」，變成有意識的覺察呢？首先你要做的就是：安靜下來。

通常我會讓當事人做靜心。靜心的作法就是：閉上眼睛，安靜，回到呼吸、專注呼吸、專注當下，感覺自己的身體。當中，先感知、感覺就好，不要分析、不要判斷、不要頭腦。

一說到這裡，我想學過正念（Mindfulness）的朋友一定會立刻尖叫：「這不是正念嗎？」

是的。我沒學過正念（但我參加過禪修），你說是就是。我一點都不在乎它要叫什麼，只要這個方式可以幫助我們做深度自我覺察就好。

我認爲正念其實就是一種「深度的自我覺知」。深度覺知很重要。當我們能夠隨時感受到自己身上的情緒，進而「有意識」地感知情緒時，當下你就會是自己情緒的主人，而不是被情緒帶著走的俘虜。

8 從身體切入，讓情緒流動，讓療癒產生

「語言抵達之處，不等於生命抵達之處。」
碰觸情緒，
才能直通生命。

當一個人當下充滿情緒時，你跟他講道理是沒有用、講不通的。情緒過不去，理性出不來。當一個人的情緒沒走過，所有的道理及語言都將徒勞無功。**「語言抵達之處，不等於生命抵達之處。」**碰觸情緒，才能直通生命。

「我就是過不去！」如果你看過叫好又叫座的台劇《我們與惡的距離》，對女主角重回戲院（兒子被殺的現場）那一幕「我就是過不去！」的淒厲叫聲，一定印象深刻。

經歷喪子之痛的女主角，內心充滿憤怒、自責、悲傷，她逃避現實、逃避感受，每晚酗酒、自我麻痺，她無法面對傷痛，因爲實在太痛了。但當她選擇麻痺情緒、麻痺自己時，卻讓她更陷入創傷的囹圄中，身心受苦。

麻痺情緒、阻斷情緒，教人受苦。但受苦的人不只是你，還有活在你周遭的人。

我發現：人的身心疾病與痛苦，很多都與情緒受阻（卡住）有關（我稱之爲「**情緒結**」）。因此，不入虎穴、焉得虎子，**想要「走出」情緒，就得先「進入」情緒**。爲什麼要進入情緒？因爲我們的童年創傷裡，幾乎都會伴隨著「大量的負向情緒」，而這些情緒在當年幾乎都被壓抑了（被自己或施暴者），但其實它們統統沒有過去，一直埋藏在我們的身體裡、記憶裡。

就是這些沒有走過的情緒（未竟事宜），造成我們日後生活裡充滿不安、恐懼、憤怒、焦慮、罪惡感，如此將「內耗」我們的生命，阻礙我們與人的關係，就如同《我們與惡的距離》中經歷喪子之痛的女主角，後來跟女兒疏離，甚至要跟老公離婚。除非我們願意讓這些情緒被看見，讓受阻的情緒流動，它才會眞正「過去」，否則就會持續「卡住」我們的人生、阻礙我們的幸福。

那要如何覺察情緒呢？我發現：從**身體**切入是一個重要的祕訣。

身體是情緒的載體，身體會誠實地記載我們過往的創傷經驗與記憶。

從身體切入，進入情緒，再從情緒切入，回到童年（我的語言是：**回到「案發現場」**），重新理解（詮釋）當年的痛苦經驗，同時也處理積壓在體內多年的情緒，以及我們對父母的期待與憤怒。

療癒過程中，我的工作是在幫助案主：**找回感覺**、**辨識情緒**、**認清受虐的事實**、**做情**

緒釋放。

「承認」自己童年受傷的事實很重要。如此，你才能進一步去看見隱藏在內心與身體裡的憤怒、悲傷、恐懼等情緒。看見，才能處理。否認，當然不用管了，不是嗎？當你否認情緒、否認創傷，療癒便遙遙無期。

要承認自己被虐待是不容易的，因爲這很丟臉。幾乎所有的受虐兒都很難承認自己受虐。因爲承認了，等於就是承認自己不完美、我的父母、家庭不完美，這會教人卻步，所以寧願選擇否認。

但沒辦法，除非你認回自己受傷的內在小孩，承認並接受「我不完美、我的父母也不完美」，並且知道這些不完美都「**不是我的錯**」，如此我們才能徹底擺脫童年創傷陰影，「重新做人」，做一個有「界線」的人。

成爲一個有界線的人很重要。如此我們才能把屬於父母的責任還給父母，並勇敢承擔起自己的責任（愛自己、療癒自己就是我們的責任）。

人一旦界線清楚了，就可以長出內在力量、保護自己，掃除從小被灌輸的羞愧感與罪惡感，如此你的生命才可以停止內耗，安穩過日子。

9 本書常用的關鍵名詞與用語

黑色教育／毒性教養

「黑色教育」一詞在兒童心理學家愛麗絲．米勒（Alice Miller）的書中經常被提起。她是最早關注兒童早期心理創傷對成年生活影響的心理學家。在她的書裡（《幸福童年的祕密》《夏娃的覺醒》與《身體不說謊》）不斷呼籲大家，不要輕忽童年創傷對一個人身心的嚴重影響。

所謂「黑色教育」，指的是父母對兒童的身心虐待、情感忽略、情緒暴力、家暴、性侵害等。她畢生都在提醒世人應認知到：父母的虐待及不當管教是如何造成嚴重的兒童身心創傷。

她強調：「以孝順爲名的壓抑，甚至虐待兒童的『黑色教育』，將在每個人的身心留下一生永恆的傷疤。」

另外最近一位很有名的美國治療師彼得・沃克（Pete Walker）在他談複雜性創傷後壓力症候群（CPTSD）的書裡，也呼應愛麗絲・米勒「黑色教育」的說法。他使用最多的語言是「毒性教養」。所謂的「毒性教養」就是童年父母的虐待、暴力、情感忽略等等。

彼得本身就是毒性教養的受害者，他的童年置身在父母的毒性教養中，成長過程艱辛。也因爲他個人的深刻體悟，才會寫出CPTSD這本好書來。

複雜性創傷後壓力症候群（CPTSD）

這是美國加州資深心理治療師彼得・沃克所提出的創傷理論。他本身也經歷過童年創傷，曾患有嚴重的複雜性創傷後壓力症候群，因此他以自身創傷經驗與多年治療他人的豐富臨床經驗，寫出這本CPTSD的書，十分貼近創傷者的感受與經驗。

書中他以慈悲和同理的角度，幫助讀者理解複雜性創傷後壓力症候群的成因、影響，以及如何自我療癒。

他認爲：CPTSD是後天因素所造成，尤其是孩童在被虐待或被忽略的家庭中成長，遭受長期身心虐待所致。而這樣的創傷經驗，可能發生在語言、情緒、心靈或身體等各個層面。

他書裡提到：「當孩子試圖努力與父母親近或得到父母接納，卻一直徒勞無功時，最後只能在被遺棄所帶來的絕望中受苦。」他強調：父母的情感忽視、身心體罰與輕蔑語言，都會加深兒童被遺棄的創傷。

毒性羞恥（Toxic Shame）

這也是心理治療師彼得．沃克書中經常出現的用語，我在這本書裡也會借用他的語言。所謂「毒性羞恥」，指的是當孩子想親近、靠近父母時，被父母拒絕，或是在表達情緒時被否定、被羞辱，於是造成兒童內心產生被否定、被遺棄的恐懼，進而更鍍上一層「我不好、我不值得被愛」的羞恥感。

這樣的羞恥感會伴隨著時間的進展，長大成人後「內化」成我們內在有毒的找碴鬼（惡性的自我批判）。換言之，長大以後我們會「承襲」小時候父母對我們的批判、時時去批判自己，讓自己再度落入CPTSD的深淵裡輪迴，無法自拔。

童年創傷受虐者經常會感到自己是醜陋的、愚蠢的、令人厭惡的、爛得要命，這樣的「自貶」乃源自於小時候的「自尊」被踐踏、被消滅。

所以當我們小時候得不到父母情感的關注，甚至持續被忽略、被拒絕時，「我不好」的毒性羞恥就會隨時附身在我們身上，教人感到羞愧。

童年逆境（CA）

「童年逆境」（Childhood Adversity），簡稱CA。這幾年歐美對童年逆境的研究報告與書籍相當多，許多心理學家、醫師、治療師越來越發現，童年逆境對一個人心理創傷的影響是如此深遠、不容小覷。

「童年逆境」是指一直讓孩子感受到恐懼、害怕的「毒性壓力」，像是肢體暴力、性侵害、目睹家暴、生活在父母長期爭吵的環境下、父母離異、被父母吼罵、嘲諷、貶低、羞辱，或是父母情緒不穩定，無法滿足孩子情感上的需求，甚至包括情緒暴力、語言暴力、性侵、性騷擾，這些統統算是「童年逆境」。

根據美國的研究發現，童年時期經歷越多逆境的人，在成年後有越高機率得到各種身心疾病，像是心血管疾病、焦慮症、憂鬱症、自殺傾向、癌症、酒癮問題、藥癮問題、肥胖症、高血壓、性傳染病，以及有更高的機率成爲家暴加害者，或是在工作上的表現出問題。

《深井效應》作者娜汀・哈里斯（Nadine Burke Harris）在她的書裡提出許多案例，說明了童年遭受虐待對一個孩子的身心發展有極大的影響。例如：許多的兒童病患，包括發育不良、氣喘、濕疹、注意力無法集中、過動症等等，這些生理疾病的根源，就與家庭暴力及父母的身心受虐有很大的關係。

情緒凍結（Emotion Frozen）

在童年創傷的當下（無論是被家暴、虐待、羞辱），受虐者內在其實有很大的負向情緒（恐懼、憤怒、悲傷等），但這樣的情緒在被施暴的當下，通常是不被允許做充分釋放、展現的，幾乎都會被施暴者或受虐者本身所壓抑或否定（如：不准哭），於是這種強烈的情緒就因此被「凍結」（Frozen）。

凍結的情緒會埋藏在我們的身體裡，待日後發生類似創傷經驗時，情緒就會被帶出來，突然引爆（也就是「情緒重現」）。

做BEST的目的，就是「暖化」倖存者過往的內在凍結情緒，而暖化、消融的方式就是讓凍結情緒得以被看見，讓情緒（能量）再度產生流動（Flow），一旦凍結的情緒產生流動、被釋放時，身體就自由（Free）了。

情緒結（Emotion Knot）

身體是潛意識的記憶庫。身體也是情緒的載體。

過去的創傷經驗（家暴、受虐等）都會伴隨著強烈的負向情緒（恐懼、憤怒、悲傷），然而這些強大的情緒在當下都是被壓抑、忽略、否定的。

但當年被壓抑的情緒不會不見，它會隱藏、累積在你的身體裡，形成一個「情緒結」（類似中醫所講的「鬱結」），這個「情緒結」會造成身體能量的阻礙，它會「卡」住我們，這也是造成現代人身心疾病的根源。

做BEST療癒的目的，就是在「清理」累積在我們身體內的情緒，把體內深層的「情緒結」打開、做情緒釋放。

回到「案發現場」

在做BEST時，我通常從身體切入，進入情緒，再從情緒切入，回到童年（我的語言是：回到「案發現場」）。回到童年的創傷事件裡（案發現場），重新去經驗、理解、詮釋當年的痛苦經驗，並把當年內在壓抑的情緒做充分的釋放，這是做BEST創傷療癒很重要的關鍵點。

創傷畫面/創傷點（Trauma Point）

做BEST時，我會引領當事人回到童年的「案發現場」，我會試圖去找到一個「畫面」，就是讓當事人當時感到恐懼、憤怒、悲傷的「**創傷畫面**」，那也是一個重要的「創傷點」。

例如：當年爸爸媽媽吵架，爸爸拿著菜刀要追殺媽媽的畫面。或小時候你曾經作業沒寫好，被爸爸賞了一巴掌的畫面。或你小時候晚上睡覺睡到一半，突然有人把手伸進去你的衣服裡摸你的下體、你驚醒大叫的畫面。

這些畫面，都是你當時的「創傷點」，如果不重新經驗它、療癒它，它會如影隨形，讓你經常做惡夢，活在不安焦慮中。

情緒重現（Emotional Flashbacks）

童年創傷經驗裡，隱藏了許多負向情緒，這樣的情緒在當時通常是被壓抑的，並沒有被好好接住（處理），所以日後當有類似情境發生時，這個情緒就會被引爆，自動彈跳出來。

這樣的情緒反應，絕對是無意識、自動化、潛意識的反應，它不是我們腦袋可以控制的。

就像有人被老闆說了兩句，就難過到一個禮拜無法睡覺，因爲這勾起了他小時候被父親責罵鞭打的創傷經驗。

有人打破一個碗盤卻嚇得當場僵住、無法動彈，因爲她小時候曾打破一個碗被媽媽狠狠賞了一巴掌。

這樣的情緒反應，幾乎都是在「重現」當年小時候創傷的畫面。當時的我們不是戰，就是逃、僵住（當機）或討好。

情緒再現是一種讓我們「**退化**」到當年情緒的經驗重現。創傷倖存者當下會回到當年受虐或受遺棄時的感覺，不管是恐懼、羞恥、孤立、暴怒、哀慟或憂鬱，這些感受會一瞬間如排山倒海般向你席捲而來。

內在挑剔鬼

我們內在經常出現許多自我批判的聲音，而童年受虐者內心最常出現的聲音就是：「我很差勁、我不好。我很令人討厭。我是壞小孩。沒人會喜歡我的。」

這些聲音的最早來源，當然是出自受暴者被虐待的童年經驗，當年父母的毒性教養或施暴者所給出的惡毒語言，就像硫酸一樣，嚴重腐蝕著孩子的自尊心，深深影響到一個人的自信與自我認同。

長大以後，那些經歷過童年逆境、被虐待的倖存者，不管做什麼事，都鮮少感到自我滿意或開心。縱使他們做得再好、再成功，依然會覺得自己不夠好、「我還需要繼續努力」，不容易給自己按讚，欣賞自己。

甚至只要別人一不開心，或一件事沒做好，他們內心會立即冒出自我批判、自我譴責的聲音：「一定是我的錯。」「我就是白癡，連這個都做不好。」「我就是笨蛋。」

在彼得．沃克的CPTSD專書裡，他管這種聲音叫做「內在找碴鬼」，其實跟我書裡講的「內在挑剔鬼」是同一個意思。

做BEST時，當我在聆聽情緒的同時，也會特別去聆聽當事人內心幽微的自我批判聲，特別是「內在挑剔鬼」的聲音。

當我抓出內在挑剔鬼的聲音以後，我通常會問當事人：「這個聲音最早是從哪裡來的？是誰告訴你的？」透過這樣的問話與探索，很快就可以找到當事人的童年創傷經驗與畫面，接著就可以回到當年的「案發現場」去處理、療癒了。

創傷倖存者（Survivors）

在彼得．沃克的CPTSD專書裡，他會以「倖存者」來稱呼他的個案或來訪者。因爲他認爲所有CPTSD的當事人一開始都是童年創傷的「受害者」，但透過自我療癒與成長的歷程，他們讓自己變成一個有力量的「倖存者」，這個用語充滿賦能（Empower）的意味，我個人很喜歡。

所以在這本書裡，有時我會用個案、來訪者或當事人，但有時我也會以「倖存者」來稱呼，這也是一種對他們的尊敬。

靜心／覺察（Mindfulness）

在做BEST的過程中，幫助案主對自身情緒做「深度自我覺察」很重要。但要覺察情緒不容易，前提是當事人的身心必須夠安靜、放鬆。我本身在做個案時，會有一套靜心的方式，幫助來訪者安靜、放鬆、深呼吸，回到自己身上，做自我深度覺察。這套靜心覺察方式，其實跟坊間流行的「正念」相似，它們是同一件事。

Part 2
童年創傷

童年的創傷沒有過，
你的日子就不會好過。

漠視童年創傷，
你就沒有辦法「日日是好日」。

父母給不了你的愛，
我們就學會自己給自己。

圖 2-1：童年創傷對人產生的影響。

1 童年受虐，滿「腹」委屈——一切就從寶拉的故事開始

受暴者要的，
是你真真切切地理解他們的痛，
並且「堅定」地站在他們這一邊。

這是多年前的故事。

寶拉是三十多歲的婦人，經常習慣性腹痛，看了很多婦科醫生都檢查不出原因來。後來一位婦科醫生建議她去找心理師談，他懷疑寶拉的疼痛是心因性的，或許跟她的童年家庭有關。

於是寶拉去找了第一個心理師談，跟這位心理師說了自己原生家庭的故事，包括她對婚姻的恐懼。寶拉一直未婚，因爲她對男性感到恐懼、不信任，這與她從小有個嚴厲的父親有關。寶拉同時也跟心理師說她經常腹痛，卻找不出原因。

談了幾次，心理師做了一些同理與探索，但對她的身心狀況絲毫沒有幫助，寶拉就不再去了。

後來寶拉看了我的書，看到裡面許多家暴及身心虐待的故事很有感覺，於是決定來找我談，再試一次。

寶拉一來就很緊張，全身緊繃，坐著連椅背都不敢靠。

當我邀請她說明來意，寶拉一樣告訴我，她未婚、害怕婚姻，因爲從小就有個嚴厲的父親，所以她對男性感到恐懼與不安。

聽完後，我溫和地望著寶拉說：「謝謝妳告訴我妳對男性會感到恐懼與不安。雖然如此，妳卻依然願意冒險前來找我（別忘了我也是男性），談妳個人私密的故事，我很感激妳的信任，同時更感動於妳的勇氣。**我可以知道，是什麼力量把妳帶來的嗎？**」

此話一出，寶拉就哭了，眼淚迅速從雙頰流下來。

或許這樣的語言讓寶拉覺得被看見、被理解，也打開了她的心。

於是，寶拉開始跟我說故事。

寶拉的童年過得很辛苦。她經常遭受父親言語貶抑與羞辱，父親不爽就用三字經罵她，「X你娘」這樣的髒話是家常便飯。不只如此，只要寶拉一點小事沒做好或不如父親的意，父親立刻一巴掌打過來，毫不留情。

寶拉從小就不能有自己的想法、意見，更不容許擁有自己的感受，連交朋友都受到限制。

高中時班上有一個功課不錯的男生很喜歡她，經常藉故親近。寶拉對他沒有特別好感或不好感，就當做一般同學。有一天放學，男生跟著寶拉一起走回家，到家裡的巷子口時，寶拉要男生不要再跟了，以免被父親看見。偏偏好死不死，爸爸剛好就從外面回來，一看見寶拉在跟男同學講話，二話不說，立刻拖著寶拉回家。

一進家門，父親什麼都不問，立刻賞了寶拉一個耳光，罵她「不要臉、下賤、妓女」，任憑寶拉怎麼解釋，父親就是不聽。最後失控的父親還拉扯寶拉的頭髮去撞牆、用腳踹寶拉的腹部，將寶拉打趴在地上爬不起來（我終於知道她的腹痛是怎麼來的了）。

聽完寶拉的故事，我紅了眼眶。

這是虐待，不用懷疑。

我心疼地看著寶拉：「天啊，妳父親從小都是這樣虐待妳嗎？妳是怎麼長大、活到今天的？」

聽我這麼說，寶拉的淚水又潰堤了。這個眼淚是積壓在內心許久的委屈，這個淚水是被理解的寬慰。

所有受過家暴專業訓練的心理治療師都可以很明確地知道：寶拉被家暴了，而且她是個受虐兒。

這個「確定」很重要。

因爲確定以後，你才會知道如何從「家暴」的角度去理解一個人所遭受的心理創傷（這可不是一般的創傷）。同時你也才可以讓當事人知道：遭受父母虐待、被家暴，**「這不是她的錯」**。

對一個創傷倖存者來說，這樣的理解是必要的。**她必須接受自己童年受虐的「事實」、接受自己是家庭創傷的「受害者」，如此，她才能成爲自己生命的「拯救者」**。

許多受虐者都不願意**承認**自己受虐的事實。

爲什麼他們要**否認**家暴呢？有的是爲了保護父母、有的是爲了不要背叛父母，更多的是他們早已被制約了：「這是我的錯，父母打我是爲我好。」**這些道德框架早已牢牢地「綁架」了受虐者，讓他們噤聲、不敢張揚、不敢面對眞相**。然而否定受虐，卻讓他們的身心遭受永無止境的折磨，如同寶拉一樣。

面對眞相，是療癒的開始。此刻的寶拉感到既悲傷又憤怒，我讓寶拉好好地哭一會兒，因爲她需要。**她需要好好去「哀悼」她的創傷，去把過去那個受傷的小女孩給「認回來」**。

在我們會談的那一小時裡，寶拉第一次**如實面對**自己的童年創傷、第一次**接觸自己內在底層從小被壓抑的情緒**，並讓情緒做徹底釋放。

透過ＢＥＳＴ療癒與敘事對話，我讓寶拉的情緒被理解、被看見（被我及她自己看見），也讓她的情緒做了適當的釋放。同時，透過「內在小孩療癒」，我讓寶拉好好地把過去那個受傷的自己給擁抱回來。

會談即將結束時，我邀請寶拉閉上眼睛，回到自己的呼吸，感覺現在的身體。我問：「現在身體是什麼感覺？」

寶拉明顯地鬆了一口氣，緩緩地說：「現在輕鬆多了，感覺呼吸也比較順暢。」然後，我又邀請她把手放在自己的腹部貼著，去感覺它。

我：「感覺一下妳的腹部，現在是什麼感覺？」

寶拉：「感覺不痛了，好像有一團東西不見、鬆掉了。」

我：「如果腹部會說話，它會想說什麼？請聽聽看。」

寶拉不假思索，立刻回我：**「我從小滿腹的委屈今天終於被理解、被釋放了。」**

望著寶拉紅潤的氣色，我知道，她今天做了一場很重要的童年創傷療癒。

就在會談結束、即將起身離去時，寶拉突然回頭望著我說：「為什麼我第一個心理師不能像你一樣，直接告訴我，我被虐待、被家暴了？」

我看著她問：「這有差別嗎？」

「當然有。」寶拉略帶惱色地說，「如果我知道這是虐待、是家暴，那我就會覺得我才是『受害者』，錯不在我，那是我父親（施暴者）的錯。」

寶拉說得沒錯。

許多小時候被施暴的孩子甚至到長大都不敢張揚此事，他們絕口不提，把它當成心中永遠不可告人的祕密，因爲是祕密，所以更傷。社會文化告訴我們：「天下無不是的父母。」意思是：父母沒有錯，也不會錯。所以，幾乎所有的受虐兒童都會自動歸因：「都是我的錯，一定是我不好、不乖，才會被打。」

這個錯誤歸因將會導致兒童的**認知失調**（父母愛我才會打我，所以暴力也是愛。錯，暴力絕對不是愛）、**低自尊**（我是沒價值的、不值得被尊重的）、**錯誤的自我認同**（我是不好的人、我不值得被愛）、**自卑**、**退縮**、**負向情緒**（受虐者經常會感到羞愧、自責、恐懼等）。童年創傷對一個人的影響不容小覷，它是一輩子的，這樣的受虐者想要「翻身」安穩過日子，有時比登天還難。

告別了寶拉，我坐在諮商室裡寫著紀錄，安靜地消化這一場童年創傷的療癒盛宴。我很感謝寶拉教會我幾件事：

一、治療師本身「創傷知情」的專業能力很重要

寶拉幫助我理解：面對受虐者，不是一般的同理就夠了，**他們要的，是你眞眞切切地理解他們的痛，並且「堅定」地站在他們這一邊。**

寶拉告訴我，雖然第一位心理師人也很好，但總讓她感覺有點遠，無法碰觸到她的內

心，「感覺她對我的故事無法感同身受。」寶拉說。

於是我在想，一個心理工作者如果對家暴、童年創傷、童年逆境、毒性教養、黑色教育的知識不足，再加上自己沒有類似經驗（不是每個治療師都有一個悲慘童年），恐怕有時還眞難同理案主、貼近創傷者的感受。

這幾年國外的學校很重視家庭暴力及虐待對學童身心的影響，因此大力推廣「創傷知情」（Trauma-informed）教育。這眞的很重要，期待台灣學校的輔導教育也能盡快跟上。

二、讓當事人確認自己是受虐、受害者很重要

寶拉是一個很有力量的女人，一旦確認了自己才是童年的**受害者**、**那不是她的錯**，她完全不否認、不逃避，立即把當年壓抑在內心的委屈、悲傷、憤怒，統統宣洩出來。

人一旦碰觸到自己內在的眞實情緒，並如實宣洩，她內在就瞬間展現了強大的力量。情緒本身就是一種「能量」，情緒流動，能量就流動。

眞實就是力量。活在威權暴力下的兒童，被迫用「假我」在過生活，他們必須**掩蓋**內在的眞實感受與想法才得以生存。然而，壓抑情緒、與眞實的自我隔離，這就是讓他們生病的主要原因。

三、允許當事人對父母生氣很重要

允許當事人有情緒很重要，尤其是允許當事人對父母生氣，更重要。我們的傳統文化與教育會把父母「神聖化」，父母是天，不可觸犯、不可拂逆，要順從、要孝順。這也是爲什麼很多兒童必須壓抑自我的情緒，因爲在父母的威權下，權力弱小的他們別無選擇，爲了生存、爲了得到父母的愛與認同，孩子只能選擇壓抑、否認自己受傷的感覺。

然而此刻，在這個諮商室裡，這個「神話」被打破了。我們一起勇敢面對眞相，接受：「父母也是人，他們也會犯錯、他們並不完美，我們是可以對他們生氣的。」

如此的新認知大大**「解構」**了傳統道德框架，彷彿把從小套住我們的緊箍咒拿掉了一樣。於是，長久壓抑的內在情緒就可以曝光，被看見、被釋放，開始自由流動。

情緒流動（Flow）很重要，**流動，就是療癒的開始**。

四、情緒不流動，身體就會痛

壓抑的情緒如果無法流動，經年累月積壓在我們的心裡、身體裡，就會像阻塞的水溝一樣，腐爛發臭，最後讓我們生病，就像寶拉一直經常感到下腹部疼痛一樣。

以前的我一直以為童年創傷個案只會有憂鬱症、恐慌症、強迫症、暴食症等心理疾病（我的個案皆是如此），我只看到「心理層面」。但如今寶拉卻教會我，不，經驗童年創傷的人不僅患有心理疾病，可能還會伴隨著生理疾病及身體的疼痛，包括：頭痛、胸悶、胃痛、心悸、過度換氣症、腰痠背痛、異位性皮膚炎、氣喘、腫瘤，甚至癌症等等。

感謝寶拉幫助我對童年逆境的創傷倖存者有了全新「身心一體」的概念與看見。

身心一體、身心合一，這些概念其實老早就一直在我的腦袋裡，但是，它只存在我的「腦袋」裡，並沒有到「心」坎裡。

這次，寶拉給了我一記大大的棒喝，我想也該是時候，我得對自己從事了二十年的心理工作做點「解構」與自我突破，這就是我寫這本書的原因。

2 認識童年逆境

「你受過傷，但你不必繼續痛。」
——彼得．沃克

「童年逆境」（Childhood Adversity，簡稱ＣＡ）指的是孩子在家庭中經常感受到害怕恐懼、被威脅的毒性教養，像是肢體暴力、情緒暴力、語言暴力、情感忽略、被性侵、目睹家暴、父母長期爭吵、父母帶著仇恨離異、被父母吼罵/嘲諷/貶低/羞辱，或是父母處在混亂狀態無法滿足孩子情緒上的需求，這些統統都算是童年逆境。

這幾年歐美對童年逆境的研究報告與書籍相當多，許多心理學家、醫師、治療師也越來越發現：童年逆境對一個人身心所造成的創傷是巨大深遠的，而且這樣的陰影直到長大都不會消失。

根據美國的醫學研究，童年逆境創傷者在成年以後有很高的機率得到各種身心疾病，像是心血管疾病、焦慮症、憂鬱症、自殺傾向、癌症、酒癮或藥癮等上癮問題、肥胖症、高血壓、性傳染病，以及有比較高的機率成爲家暴加害者，甚至影響到自己的工作表現及出現人際關係問題。

在美國CA的研究裡發現：美國家庭中，每三人就有一人有CA問題，這是相當驚人的比例。那台灣呢？目前並沒有關於台灣CA的研究，但根據我們對華人家庭文化、父權社會、權威教育的理解，我想在台灣有CA的人應該不會少於美國吧。

在我們「家醜不可外揚」的家庭文化下，許多童年受虐經驗自然會被隱藏，或視爲「理所當然」，變成「不可說的祕密」。

爲什麼我們要認識童年逆境？

因爲童年受虐、家暴等創傷經驗，會變成兒童一輩子心理上的痛（陰影），這些創傷不但嚴重影響到兒童的身心、自尊、自我價值及自我認同，進而發展出扭曲的人際依附關係及不健康的補償策略。

這就是爲什麼有些人長大以後一直覺得活著好累、好孤單、沒希望、無存在意義感、懷疑人生，甚至會覺得自己根本不值得活下去……這些可能都跟你的家庭創傷有關，是童年逆境帶來的心理陰影。

當你開始對世界發問，「人存在的意義為何？」你就是「哲學家」。

當你開始說故事、認識自己，你就是自己的「心理學家」。

當你願意重新理解自己，並接納不完美的自己，你就是自己的「治療師」了。

親愛的朋友，你準備好了嗎？你準備好成爲自己的心理學家、治療師了嗎？

如彼得．沃克說的：**「你受過傷，但你不必繼續痛。」**如果不想繼續痛，想徹底擺脫童年創傷的最好方法，就是面對那個痛、穿越痛，如此你才能不痛，才能眞正地解脫。

沒有一個幸福的童年、美滿的家庭、完美的父母，這都不是你的錯；但療癒自己的童年創傷，卻是你的責任。

邀請你鼓起勇氣，勇敢面對自己的童年逆境。你不用一輩子當家庭創傷的「受害者」，相反地，你可以成爲自己童年創傷的「拯救者」。

3 重新認識「家庭暴力」

「以孝順為名帶給人們的壓抑與創傷，
其實最傷、也最痛。」
「頭腦會說謊，但身體不說謊。」
——愛麗絲．米勒

上一篇提過所謂的「童年逆境」包括：家暴、虐待、忽視、拋棄、性侵、性虐待、父母酗酒／吸毒／一天到晚吵架、家庭氣氛不和樂等，統統都算CA。

那家暴呢？一般人對「家暴」的概念恐怕都還停留在「肢體暴力」，要有被打才算家暴，是嗎？其實不只如此，我們的觀念必須修正了。

這幾年，各國心理學家不斷呼籲大家要**更新**家暴觀念。所謂的家暴不光是肢體暴力，包括語言暴力、情緒暴力、情感忽略、遺棄、任何身心虐待、控制等等，統統都算暴力。因為這樣的「毒性教養」如同暴力，對一個人的身心健康與人格發展影響是一輩子的。

「如果用這個標準，那不是大多數人都有CA、被家暴的經驗了嗎？」我猜你一定會這麼想。沒錯，要不然美國的心理專業研究裡不會說，在美國每三個人中就有一個人有過CA的經驗。

不要小看家庭暴力對兒童的影響。根據娜汀·哈里斯醫師的研究，兒童在「惡性壓力」（毒性壓力）下，大腦神經系統的生化機制會使得負責理性分析的前額葉皮質功能受抑制，而來自杏仁核的恐懼反應又被過度喚醒，如此將造成孩子無法專注、自我控制力較低，變得躁動不安、易怒、容易放棄。所以有人懷疑，有些被診斷爲過動的孩子會不會其實根本不是過動症（ADHD），而是從小身處在暴力環境的緣故？

如果沒有CA概念，我猜那些孩子不是被說成是過動症，就是被責備、批判、貶抑，被說不乖、調皮、愛搗蛋，然後就被歸類到「不受教、壞孩子」這一邊。這樣對孩子公平嗎？

愛麗絲·米勒是一個長期關注兒童早期心理創傷及其對成年生活影響的心理學家，她的著作很多。在書裡，她大聲疾呼：童年受虐經驗對當事人的健康戕害極深，而且不光是童年，這個傷害會延續到長大成人。因爲，她自己本身就是童年創傷的受害者。

或許有人會說：「事情都過去了，幹嘛還一直抓著不放？」

如果眞的過去了，我恭喜你，但往往就是「沒過去」。就算你內心否認，你的身體卻不會說謊，許多身心疾病其實就是跟童年創傷有關。**「頭腦會說謊，但身體不說謊」**，愛麗絲·米勒在她的書裡，重複在講這件事。

我很喜歡愛麗絲·米勒對世人的警告：**「以孝順爲名帶給人們的壓抑與創傷，其實最傷、也最痛。」**許多父母仗著「孝順」的名義，要孩子絕對服從、不得反抗，進而對兒童施以身心虐待（她稱之爲**「黑色教育」**），她認爲這樣的毒性教養將會在每個人心中留下一輩子無法抹滅的傷疤。其實她自己本身就是童年逆境的受害者，從小就被自己的母親情感忽略，所以我覺得她的童年創傷研究是因爲自己深受其害，其實她是在爲自己「發聲」。

請不要小看毒性教養、父母虐待對我們身心的影響。根據文獻及我個人的臨床經驗，我整理了以下童年逆境對身心的影響：

1. **心理上的影響：**憂鬱症、焦慮症、恐慌症、強迫症、暴食症等。
2. **性格缺陷：**敏感、自卑、多疑、猜忌、不自信、不容易表達自己、不容易做決定、情緒起伏大、期待被認同。
3. **生理上的影響：**心臟病、中風、癌症、糖尿病、阿茲海默症、胃痛、皮膚過敏、紅斑性狼瘡，以及影響免疫系統、內分泌系統、心血管系統等。
4. **對兒童的影響：**發育不良、濕疹、氣喘、注意力不足過動症、睡眠障礙、做惡夢、鼻子過敏、嚴重便祕、拉肚子、長年頭痛等。

一名在童年遭受性侵的女性個案告訴我，她在六歲時被父親友人性侵，當時她有跟母親說叔叔性侵她，得到的回覆卻是：「小孩子不要亂說。」

父母忽略她的創傷、壓抑她的情緒，讓她心理遭受嚴重「二度傷害」，這也是造成她長期頭痛、下腹痛、睡眠障礙的心理因素。直到跟我晤談了一年後，她的頭痛、腹痛才漸漸舒緩。

被性侵本身當然是造成當事人心理創傷的主因，但是父母對兒童的情緒忽略與壓抑，其實更傷（這也算家暴）。很多人都忽略了這一點，從這個故事裡，期待你也可以明白。

4 童年創傷嚴重傷害一個人的自尊

一個人覺得自己沒有價值、
沒有存在意義感，
那是因為，他缺少了愛。

我眞心認爲人活著最重要的一件東西，就是**「自尊」**（Self-esteem）。擁有自尊，人就會覺得自己值得被愛、自己活著是有價值的。自尊是一把幸福的鑰匙，它讓你立足於天地間感到安然自在、不卑不亢，充分享受活著的喜悅。

然而，童年是自尊形成的最關鍵期。

我永遠記得電影《姊妹》（*The Help*）裡，那個溫和善良、充滿愛的黑人女傭對女主人的小女兒所說的話：**「妳很善良，妳很聰明，妳很重要。」**（You are kind, you are smart, you are important.）

電影中，上流社會的白人女主人每天忙著裝扮自己、社交、打牌、參加婦女會、跟社區的名媛打交道，這是一個標準自戀型的母親，她的心思完全放在自己身上，完全無法回應女兒的需要。

一天早晨，小女孩跑向母親，她想靠近母親、跟母親說話，但母親急著出門，無視女兒的存在，迅速轉身離去，留下小女孩錯愕的表情與孤單的身影（這是一種情感忽略，這就是虐待）。

這一幕，黑人女傭愛比琳看見了。她緩緩走向小女孩，蹲下來，溫柔地對她說：「**妳很善良，妳很聰明，妳很重要。**」接著，給小女孩一個溫暖的擁抱。當時在電影院裡看到這一幕，我的眼淚馬上飆出來。

這句話，絕對是天底下所有的孩子最衷心渴望父母對他們說的話。電影裡黑人女傭愛比琳給出的語言及溫暖擁抱，足以彌補孩子破碎的心，這個語言會讓孩子感受到「我是值得被愛的」。

大人的冷酷，忽略孩子的情感需要，會讓孩子產生「我不重要，我不值得你的陪伴」的感受，這就是造成孩子「低自尊」的原因。

童年受虐及父母情感忽略，會將我們的自尊打落一地。低自尊的人會感到自卑、自我嫌惡，並習慣性地自我批判、自我否定，他們一輩子不管再怎麼努力，都很難真正的快樂。

傑克從小就是一個受虐兒，只要考試成績不如父母期待，他不是被奚落，就是被打罵、懲罰。有一次他考了第五名，吃晚飯的時候，爸爸板著臉不跟他說話，媽媽則對他說：「只考第五名，你還有臉坐在這裡吃飯嗎？」

後來傑克考上北部最好的明星高中，班上成績也幾乎都是前三名，但他說他很自卑，因爲除了會讀書外，他什麼都不懂、都不會。他無法像其他同學一樣，會彈吉他、唱歌、參加舞會、搞社團、看影展、關心政治或環保議題，甚至去交女朋友。

有一次下課，他看到幾個同學圍在一起聊天，有說有笑，他好羨慕，於是就走過去想加入他們。結果他在旁邊待不到五分鐘就黯然離去了，因爲他幾乎插不上嘴。別人講卡繆，他不知道卡繆是誰；他沒讀過《異鄉人》，更不知道存在主義是什麼東西。除了教科書，他不讀任何課外讀物，不是他不讀，是父母不允許。他的人生除了成績以外，一無所有，這讓他感到極度自卑。這就是父母控制與毒性教育造成我們低自尊最好的例子。

如果你的內心經常跑出這樣的語言：「我不值得被愛，我是沒有權利享受的……」這就是低自尊的表現，瑪麗就是如此。

瑪麗從小經常被母親批評長得醜、沒人要，說她是垃圾堆裡撿來的孩子。這樣的語言深深傷害了瑪麗的自尊，讓她從小就感到很自卑、害羞、不敢正眼看人、人際退縮。

長大以後的瑪麗不太敢表達自己的需要，永遠以別人的需要爲主，不敢拒絕別人；如果沒有滿足他人的需要，她會感到自責、羞愧、不好意思、對不起別人。這些也都是低自尊的表現。

布朗教授在TED影片《脆弱的力量》裡告訴我們：一個高自我價值感、高自尊的人，會有強烈的**愛與歸屬感**，會相信自己是值得被愛的。這樣的人通常比較能夠「全心全意」

（whole-hearted）地過生活，享受生活的樂趣。

當我聽到這段話時，好有感覺。環顧四周，眞的耶，那些可以「全心全意」好好過生活的，通常是充滿自信的人。他們總是知道自己要什麼、不要什麼，不輕易任人擺布，或期待他人的肯定。這幾年我也一直在努力提升自尊，因爲我也好想成爲「全心全意活著，享受生活樂趣」的人。

如果你也是一個從小受虐、低自尊的人，那該怎麼辦？

提升自尊最好的方法之一，就是「遇到一個好客體」，就像電影《姊妹》裡小女孩遇到黑人女傭一樣。我常說：**「不是有奶便是娘，而是有愛便是娘。」眞正愛你的人，才是你的「親人」**（這跟血緣無關）。

去找到懂得疼惜你、愛你、尊重你、回應你需要的人，如此，你自尊的「水位」就會慢慢提升。當你內在充滿**愛與歸屬感**時，你就會活得安穩、自在、有安全感。

但如果你還沒遇到一個好客體，怎麼辦呢？

沒關係，那就「自愛」吧，**請學習自己愛自己**。

愛自己最簡單的方法，就是「遠離暴力」、遠離那些「不把你當一回事」的人。

人生苦短，請不要再花力氣跟那些虐待你的人糾纏不清了，不管他是誰，就算他是你的父母、配偶、情人，都請下定決心、速速遠離，去過自己的日子，這才是明智之舉。

「愛自己」就是聆聽內在的聲音，學習自己當自己的好父母，好好照顧自己，回應自己身心的需求。這件事，老實說，並不簡單。

5 童年創傷與4F生存模式

人經常在某個固定模式裡，
不斷輪迴，痛苦一生。
這就是童年創傷為我們創造的「命運」。

彼得．沃克的CPTSD書裡提到，家庭暴力、童年虐待或遺棄會導致孩子身心受創，進而發展出4F的求生策略；如果創傷沒有被療癒的話，這4F生存模式會一直持續到你長大成人，甚至到終老、一輩子與你相隨。

這4F求生策略大家一定不陌生。請見以下說明：

1.「戰」（Fight）：這是一種攻擊、自我防衛的反應方式。「你罵我，我就罵回去」「批評他人、挑別人毛病」「不斷抱怨、指責」，這些都是「戰」。

戰的模式是你小時候被父母或他人攻擊時，爲了保護自己，所發展出來的因應模式。但也有可能你「模仿、複製」了父母之間的衝突模式，尤其是當你置身在父母暴力婚姻中，每天目睹父母爭吵、衝突的戲碼，耳濡目染，自然學到了「戰」這個人際互動模式。

2.**「逃」**（Flight）**：**這是一種逃避攻擊、保護自我的防衛反應。像是逃跑、漠視、打岔、離開等等，都是「逃」。

小時候遭受父母批判攻擊時，以我們「弱小」的身軀與權力，根本無法去跟父母對抗（戰），所以兒童最多的反應模式會是逃避、僵住，不然就是討好這三種。

逃避是我們最常採用的策略。如果你不想一直被母親碎碎唸，你就會盡量減少出現在母親面前，放學晚一點回家，不然就是躲進房間裡看書、打電動，不出房門、避免接觸。這些都是「逃」。

3.**「僵」**（Freeze）**：**這是一種「解離」

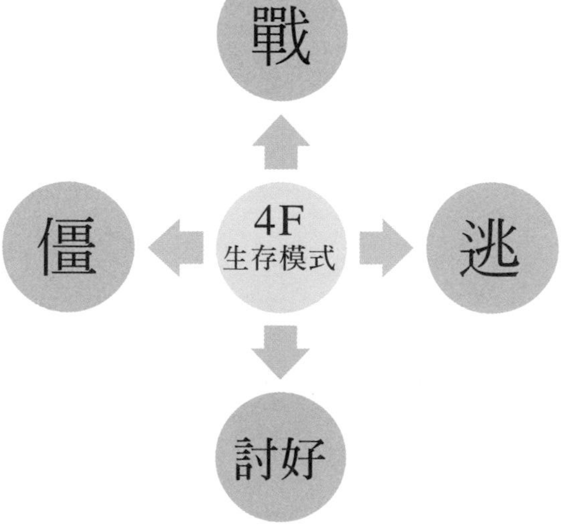

圖 2-2：童年創傷造就你的 4F 生存模式。

現象的防衛機轉。當我們遇到暴力或攻擊時，受到驚嚇，當下會愣住、僵在那裡，無法動彈。像這樣麻木、放棄、解離、崩潰、無法反應的情況，就是「僵」。

很多兒童都有這種「僵住」的經驗，尤其在面對爸媽突如其來的怒吼、責備、肢體暴力時。我的個案小陸說，小時候有一天，爸爸下班回家發現他竟然在看電視，功課沒寫，氣得走過來就賞了他一巴掌。當下他整個人僵住了，完全失去感覺，驚嚇地呆在那裡，動彈不得。這就是「僵」。

4. **「討好」（Fawn）**：這是一種類似關係依賴的防衛機轉。面對衝突暴力時，人經常會採取妥協、取悅或提供幫助等方式，企圖緩和暴力，阻止自己被傷害。這就是「討好」。

兒童在父母暴力衝突的關係裡，經常表現的反應模式就是討好。

小玉說，小時候每當爸媽吵架時，她都很害怕，怕他們會離婚。所以爲了維持家庭「和諧」，她會去討好爸爸，主動幫爸爸買香菸、啤酒；討好媽媽，幫母親做家事、照顧弟妹等。這個模式會延續到長大。後來小玉對別人的需求總是特別敏感，別人都還沒開口，她就會主動幫忙。

她的討好模式雖然帶給她不錯的人際關係，但也讓她經常感到疲憊、痛苦、壓力很大；有時她不想幫忙或幫不上忙，就會感到自責、有罪惡感。

這四種生存模式當然不是全然地好或不好、對或不對，有時適當地「逃避」其實是不錯的策略，尤其是當你父母的關係一直處在暴力狀態時，你是可以「逃」的。

有時適當地「攻擊」也不錯，尤其當你遇到一些自我中心、老是踩人家界線、不懂得尊重的人，該生氣就要生氣，不然對方肯定吃定你。

有時適當「討好」也沒有不好，尤其當你「有意識」地知道你爲什麼要討好時，討好有時也是一種人際的潤滑劑。

唯有當你的反應是「無意識」的自動反應時，它才會對你產生負向影響。如果沒有覺察，人就會在這四種因應模式裡不斷輪迴，痛苦一生。這就是童年創傷爲我們創造的「命運」。

唯有打破模式，你才可以改造你的命運，得到解脫。

6 受害者、迫害者、拯救者三種創傷原型

不管你曾經出現哪一種模式，我們需要的只是去「覺察」，而不是去「批判」。

除了4F生存模式，家族治療裡還有另外一個「生存因應腳本」理論也很值得認識，那就是：受害者、迫害者、拯救者三種創傷原型。

1.受害者

小時候遭受暴力虐待的兒童，顯然是家庭的**受害者**，如果沒有療癒，他們長大以後很容易繼續當受害者。

受害者的特性就是：敏感、脆弱、容易受傷、不容易信任他人、自憐自艾，經常會覺得別人都在欺負他、自己很可憐，甚至覺得自己的不快樂、不幸福都是他人造成的。

受害者情結會從童年延伸到成人，只要人家說你兩句、給個臉色，你立刻就覺得世界

末日、天要塌下來，三天三夜無法睡覺。

受害者通常會壓抑自己的情緒與需求，他不太容易表達，不會說出自己想要什麼、不要什麼，活得像一個小媳婦一樣，自我壓抑、委屈求全。

因此，受害者很容易耽溺在**感覺自己一直被迫害的情緒裡**，經常感到悲傷、憤怒，甚至恐懼。他們會覺得自己的存在是多餘的、沒有意義、沒有價值；他們通常認定：「一定沒有人願意幫助我。」所以經常感到孤單、無奈、無力。

受害者習慣自憐自艾、顧影自憐，久了以後，他們會把自己「困」在受害者的角色裡不可自拔。

如果有人想要把他從受害的角色裡拉出來，他反而會生氣、抗拒。他不想出來，

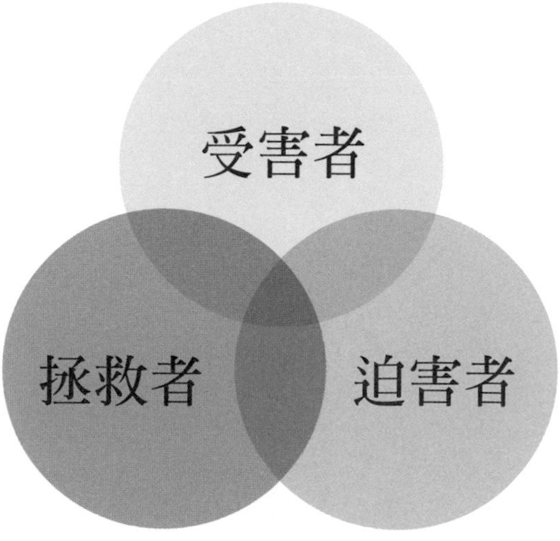

圖 2-3：3 種家庭創傷原型。

因爲有時候這個受害者角色還是有好處的，它是一種「保護色」，彷彿在告訴別人：「你看，我好可憐，你們趕快來幫助我。」或是，「你們不要再來欺負我了。」

一直讓自己處在受害者位置還有另一個好處是：「我不用爲我的人生負責，因爲我的不快樂、不幸福都是別人造成的。」受害者經常是被動的，他會一直處在被動狀態，坐在那裡等待某個「拯救者」出現，就像白雪公主永遠在等待白馬王子來拯救她一樣。

值得一提的是，有些受害者不是保持沉默或表現出「楚楚可憐」的樣子，他（她）會不斷地抱怨、批評，想盡辦法讓別人知道他有多可憐。這種受害者其實充滿攻擊性，他會敲鑼打鼓地到處抱怨、指控他人，巴不得全天下的人都知道：「我是全世界最可憐的人。」

這種抱怨、攻擊型的受害者內心充滿了憤怒，他們會透過不斷地埋怨、指責來發洩怒氣。有趣的是，當他們不斷批評、抱怨、控訴他人時，就已經變成另一個不折不扣的「迫害者」了，不是嗎？

2. 迫害者

如同上面所述，很多迫害者其實早期都是「受害者」。只因爲當年的創傷還沒有走過、還沒被療癒，他們內心積壓的情緒一直沒有得到適當的抒發，所以讓他們一直活在過去的創傷裡（這是「未竟事宜」），憤怒不已。

沒有處理的創傷，會讓他們內心布滿了「地雷」，一不小心就會被引爆。

我的母親就是如此。她在她的原生家庭裡絕對是一個受害者，從小被虐待、被剝削、被物化，她內心充滿憤怒。等到她跟我父親結婚、組織新家庭以後，她馬上一轉身，變成一個「迫害者」。

母親把自己在原生家庭所受的傷害、委屈、憤怒，統統「無意識」地發洩在我父親及孩子身上。從我有印象以來，母親總是不斷地批評、抱怨。她抱怨父親錢賺得不多，抱怨孩子不聽話、不幫忙做家事。她是一個極度不快樂的母親。

在家裡，母親是女王，掌控一切，大家都得聽她的。家裡的孩子一看到她就怕，能閃就閃、能躲則躲。

面對迫害者的攻擊，我們的本能反應就是「逃」。但有時你越逃避，她就越生氣、越要去「戰」（攻擊你），因爲她覺得被忽略了、覺得自己才是「受害者」。這樣的惡性循環，有時還眞是無解。

3. 拯救者

拯救者就是 4F 中的「討好」模式。許多孩子在家裡會想討好父母的原因之一，就是他們想「拯救」父母的婚姻。父母一天到晚爭吵，他們害怕萬一父母離婚，他就沒有家了，這是很可怕的事。所以孩子會想盡辦法「討好」父母。

小時候在家庭裡習慣扮演拯救者的人，長大以後就會經常「超人」上身。他們習慣幫助他人（不管別人需不需要），只要看到別人有需要，他就立刻飛奔過去，兩肋插刀，在所不惜，這就是拯救者的特質。

當個拯救者沒有不好，或許你會很受歡迎（如同討好者一樣），只是你會活得比較辛苦、比較累而已。

當拯救者的好處是：在拯救他人時，你會感覺自己是有能力的、賦權的（Empower）；在那一刻，你感覺自己是一個「有用的人」。

當一個「有用的人」對很多人都很重要，因為這是你的「生存之道」，當然更可能是你的「未竟事宜」——意思是：「以前我拯救不了我的父母、我的家庭，但現在至少我可以拯救別人。」這樣的彌補心態會讓自己好過一點。

拯救者的拯救不全然是無目的、免費的，他們其實很在意別人的關注與掌聲。是的，他們需要掌聲，那也是小時候沒有得到父母肯定的「未竟事宜」。

以前沒有得到父母的關注與肯定，現在透過幫助、拯救別人，就可以證明：「我是好人、我是有用的，如此父母就會以我為榮、就會喜歡我。」追根究柢，我們還是希望得到父母肯定，如此而已。

討好別人並沒有一定不好，但如果你的討好、拯救模式是出於「**無意識的自動化反應**」——意思是只要別人一提出請求（甚至不用提出），你立刻像超人一樣躲到電話亭變裝，馬上飛奔過去，解救他人——那麼，這樣的討好恐怕就是爲了掌聲，是一種**有目的性的討好**。

我的母親就是如此。我母親對我們而言是迫害者，但她在她的朋友、道親面前，卻是一個大好人。她待人親切、關心人，絕對是一個拯救者，她的朋友都相當尊敬她。

當一個拯救者其實也沒有一定不好，你只要能夠辨識：「我是在滿足自己的虛榮心，還是我眞的想助人？」

如果幫助別人，你只是在滿足自己「做好人的需求」，那麼，或許你該問問自己：「**爲什麼我那麼需要一直做好人呢？**」

溫馨提醒

童年創傷雖然造就了我們長大以後的４Ｆ人際因應模式，但在此也想要提醒大家，不管你的因應模式是戰、逃、僵，還是討好，或者你被迫發展出被害者、迫害者或拯救者等三種人格，幾乎沒有一個人是單純只有其中一種，幾乎多數人都是混合型的。

意思是：有時候你可能既是討好，同時又是戰，或逃；有時候你可能是受害者，但同時也是迫害者。在我的個案經驗裡，兩種或兩種以上並存的機率相當高。

例如：倩如是家裡的長女，從小就要照顧弟妹、做所有的家事。她的生存之道就是當家裡的「拯救者」，為這個家庭犧牲一切，包括婚姻（為了照顧父母，她選擇不婚）。無疑地，她是這個家庭的「受害者」。

然而，她雖然為家庭付出一切，父母最疼愛的人卻不是她，而是她的弟妹，所以倩如內心積壓了許多怨恨。她經常對家人抱怨、發脾氣，每個人都怕她，結果她就成了這個家的「迫害者」。

第二個想提醒的點是：這些因應模式並不是全然地好或不好，它們只是我們在童年時期為因應家庭暴力危機所發展出來的生存模式（防衛機制）而已。

不管你曾經出現哪一種模式，我們需要做的只是去「覺察」就好，而不是去「批判」自己或這些模式。

沒有覺察，你就會在這些模式裡一直循環。你的「無意識討好」只是在重複你童年的生存模式、受苦經驗，它並不會帶給你任何好處。

當你自我療癒到某種程度時，你就會越活越真實，越能如實地做自己、做一致性的表達。此時，自然而然你就不再需要用過去的生存模式與人互動了。

當這一天來臨時，我會恭喜你，因為你已經「改寫」了你的生命腳本。

7 不敢表達真實自己的討好型

「令人難過的是，未復原的討好型者最能夠滿足自己需求的方式，就是幫助別人。」

——彼得．沃克

大部分的討好者，身上都可能擁有以下幾點人格特質：

．他們會把焦點放在別人身上，很在乎別人的反應。

．他們會把別人的需求放在自己的需要之前，他們的需要是「我要滿足別人的需求，這樣我才有成就感、存在感」。

．他們習慣藉由幫助別人來得到「獎賞」（被肯定、被讚美，當好人）。

．他們害怕做決定、做選擇，因爲他們害怕犯錯，怕做錯決定。犯錯對他們而言是一件很可怕的事。

．他們不容易表達自己，會盡量避免暴露自己的想法、觀點與感受。

．他們容易附和他人的意見，缺乏主見，因爲這樣比較安全。

・他們會不敢明確表達「我要什麼」或「我喜歡什麼」，因爲他們覺得自己不重要。

以下是我朋友的眞實故事：

今天我媽跟我一起出去逛街，到了傍晚，我媽很不想回家煮飯，就問我：「今天晚上我們吃外面好不好？」

我：「好啊。」

媽：「那我們去吃義大利麵，好不好？」

我：「我沒意見。」

然後我媽立刻打電話回家跟爸爸說：「喂，你女兒說她今天晚上不想在家裡吃飯，想吃外面，她要吃義大利麵。」

我在一旁立刻翻白眼，心想：「明明就是妳自己想要，爲什麼不敢說自己要，卻推到我身上？」

這個故事你熟悉嗎？你身邊也有這樣的家人或朋友嗎？這就是典型「不敢說自己要什麼」的討好型。

在彼得．沃克談CPTSD的書裡也針對討好者的特質，整理出以下重點：

1. 多聽，少說。
2. 多同意，少反對。
3. 多照顧別人，少要求幫助。
4. 多引誘別人表達，少表達自己。
5. 多讓別人決定，少表達自己的好惡。

「令人難過的是，未復原的討好型者最能夠滿足自己需求的方式，就是幫助別人。」

彼得最後這句話讓我想給他按一個大大的讚。他說得極是，因爲我遇到許多討好型的個案，就是如此。

彼得的書裡還舉了一個很有趣的例子。

如果有一對男女朋友剛好都是關係依附討好型，他們第一次約會去看電影時，就有可能出現下面的對話：

男：「妳想看哪一部呢？」

女：「喔，我都可以，那你想看哪一部呢？」
男：「我也都可以，我什麼都喜歡。」
女：「我也是耶，那你選吧。」
男：「喔，我覺得還是妳選比較好。」
女：「喔，我沒有辦法，我總是挑到爛片。」
男：「我也是耶，我總是挑到最爛的片。」

於是兩個人就這樣子在那裡沒完沒了、互推責任，不敢做選擇。直到最後電影時間超過了，什麼也沒看到，但他們兩個人卻都會爲了不用表達自己而感到輕鬆（摘自《第一本複雜性創傷後壓力症候群自我療癒聖經》）。

有趣吧？但這不僅僅是一則笑話而已，這其實就是我們日常生活裡經常碰到的事，不是嗎？跟這樣的人出去，其實滿累的。

8 到底誰是加害者，誰是受害者？

目睹暴力，
本身也是家暴。
不要懷疑。

家暴中我們經常會看到男人打女人、爸爸打媽媽，所以爸爸就是加害者、媽媽是受害者？真的是這樣子嗎？

有時候事情沒那麼單純，或許故事會有不一樣的版本。

請你聽聽這個故事。

在這個家庭裡，媽媽很強勢，經常罵人，用言語攻擊爸爸、批評爸爸「錢賺太少，你沒出息」。媽媽經常嘲諷爸爸：「你這個沒有用的男人。」

爸爸每天被媽媽批評、取笑、奚落，他一直忍耐、不說話，不然就是逃離現場。但他越是逃避，媽媽攻擊的火力就越強。

直到有一天，爸爸受不了了，自尊受損，內心極度憤怒，爲了讓媽媽閉嘴，於是動手打了媽媽。然後兩個人大打出手，媽媽被爸爸推倒，撞到桌腳受傷流血。

請注意，當爸爸媽媽在客廳裡爭吵打架時，有一個小孩，正蜷縮在客廳的角落裡發抖、害怕、無助。在父母每日的情緒風暴中，這個孩子充滿了恐懼，無處可逃。

以上故事，請問：誰是加害者？誰是受害者？

目睹暴力，本身就是暴力、就是家暴，這個孩子就是「受虐兒」，請不用懷疑。

心理學研究已經證實，從小目睹家庭暴力，對小孩子的身心將造成極大的殘害，目睹暴力兒會感到沒有安全感、退縮、沒自信，進而影響到他們日後的人際與親密關係，甚至一輩子都走不出家暴的陰影。

故事還沒完。媽媽被爸爸打了以後，很傷心、憤怒、哭泣，然後跑去對躲在桌腳的小兒子說：「你看，這是你爸爸打的，我好可憐。記住，你爸爸是壞人。」

母親對小孩子說這樣的話，可能是要博取孩子的同情，也可能是希望小孩子站在她這一邊跟她聯盟，一起對抗爸爸。但是媽媽不知道，她這樣做，對孩子是何等殘忍啊。這也是一種虐待。

把孩子牽扯進來大人的婚姻恩怨與暴力中，這樣的大人眞的很自私，這對孩子極不公平。媽媽可能不知道，因爲妳的自私，妳這個舉動將會讓孩子心理蒙受一輩子的陰影，痛苦一生。

以上面的故事爲例，當爸爸被媽媽言語攻擊的時候，爸爸剛開始都是用「僵」或「逃」

的方式反應；但當媽媽說出「你這個沒有用的男人」這樣的語言來攻擊爸爸時，當下就踩到爸爸的「地雷」，因爲小時候爸爸可能也被他的父母說過「你沒有用」，此時這個語言會大大激怒爸爸，進而採取「戰」的方式來攻擊。

然而媽媽的言語「攻擊」模式是怎麼來的呢？當然也是學來的。

或許媽媽從小就目睹自己母親用這種方式攻擊父親，耳濡目染，所以現在她對先生說的話，幾乎就是小時候她媽媽對爸爸說的話；一不小心，她複製了自己的母親，成爲母親的「翻版」。

語言是學習來的，暴力也是。成爲父母，眞的是大修行啊，不可不愼。

所以，到底誰是加害者、誰是受害者？看清楚了嗎？

受害者如果沒有被療癒，很可能一轉身就變成加害者。

最可憐的當然是家裡的孩子，**孩子絕對是家庭暴力裡唯一的受害者**。長大以後，他可能變成拯救者，因爲那是他的「未竟事宜」，小時候他拯救不了媽媽，所以他現在想要拯救天下所有可憐的女人，尤其是他的女友。但是，他也很有可能成爲加害者或受害者，如同他自己的父親及母親。

如果不想成爲過去家庭暴力的受害者，那麼從現在起，我們就得**當自己的拯救者**，好好療癒自己、把自己愛回來，這才是唯一的救贖之道。

9 不要小看童年「情感忽略」的影響

什麼叫做「與自己和解」？
就是承認並接受自己所有的經驗與情緒。

小時候我經常一個人孤零零在家，父母爲了生計必須出外工作，經常把我一個人留在家。早上我常常沒吃早餐、空著肚子自己一個人走路去上學。放學回家後我餓了，但家裡沒有人，也沒有東西吃；就算有東西吃，我也必須自己去熱放在餐桌上的飯菜，替自己弄晚餐、餵飽自己，這是家常便飯。

那個年代，家貧、父母爲了討生活，這也是沒辦法的事。說這故事的目的不是要去怨怪父母，不是的，我知道他們盡力了，但我必須**承認這個事實**——事實就是：小時候的我是被忽略的，童年的我並沒有得到妥善的照顧與關愛，我是被迫獨立的。知道並承認這樣的事實很重要，爲什麼呢？請看以下案例：

俊雄家裡有五個兄弟姊妹，他排行最小。

從小的記憶裡，母親總是一天忙到晚，忙得團團轉，一直都在做家事，沒空理他。小時候在家裡，他感覺自己像空氣，經常被忽略。哥哥姊姊不會跟他玩，因爲他太小了；媽媽忙家事，大多時候也沒有辦法照顧到他。

一天傍晚，媽媽幫他洗好了澡，還沒有穿衣服，媽媽突然想到廚房鍋裡的菜還在煮，於是就叫他站在板凳上不要動，然後媽媽就趕到廚房煮菜。他很乖，真的沒有動，一直光著身子站在那裡，就這樣站了快一個鐘頭。

是的，媽媽把他忘記了，忘記他沒穿衣服，還光著身子、站在冬天的冷空氣裡。那一次他感冒發燒了好幾天。

說起這個故事時，俊雄眼裡依舊泛著淚光。是的，他也是一個被忽略的小孩。長大的俊雄經常覺得自己不夠好、不值得被愛，很難跟人建立親密關係，這就是他來找我談的原因。

另外一名個案麗青也是。五歲的時候，有一天她發現自己養的小黃狗突然不見了。她很著急、很傷心，一直問媽媽：「小黃呢？小黃呢？」不管怎麼問，媽媽就是不理她，忽視她的焦慮。

小狗不見了，麗青好難過、好傷心。她哭了，哭著要找小黃，但媽媽依然不理她。於是她哭得越來越大聲，想要引起媽媽的注意，更想要媽媽來安慰自己。

但是媽媽在她面前走來走去，假裝沒事，完全無視她的悲傷與哭泣。最後，媽媽被惹毛了，對著麗青大吼：「妳再哭我就把妳丟出去，就跟那隻狗一樣把妳丟掉。」

媽媽一說，小麗青就更難過了，原來小黃狗是被媽媽丟棄的，於是她哭得更傷心了。不知道哭了多久，最後她哭累了，倒在地上就睡著。

這個小時候被「**情緒忽略**」的記憶是她的童年創傷，更是她心中永遠的痛。痛的不是小黃狗不見了，而是她遭受母親嚴重的情感忽略。後來她經常做惡夢，夢見自己跟小黃一樣被母親拋棄，而當年那個小女孩悲傷地躺在地上哭泣的畫面，更不時地出現在她的腦海裡，揮之不去。

請不要輕忽情感忽略對我們的影響，這對我們的**自尊**、**安全感**、**自我認同**都有很大的影響。

在我們的家庭裡，父母對孩子的情感忽略其實經常發生，我們總是習以爲常，覺得這沒有什麼——那是因爲你不知道這樣的孩子長大以後，必須爲此付出多少代價。

或許有人要替父母叫屈，覺得父母絕對不是故意要忽略孩子，那是因爲要養家餬口、太忙、壓力太大等等。你說的這些「道理」我統統都懂。再說一遍，我說這故事的目的不是要去指責父母，更不是要父母向我們磕頭認錯，請不用那麼緊張，也不須這麼防衛。我只是想要指出一個**事實**而已，這個事實是：我的童年並不完美，我的父母也不完美，從小我就是一個被忽略的小孩。如此而已。**面對眞相有這麼難嗎？**

認清眞相是爲了把當年受忽略的自己擁抱回來。目的不是爲了指責誰，而是爲了療癒

自己。

認清眞相以後，你才會去理解：「爲什麼別人已讀不回，我就要焦慮個半天、生氣憤怒，覺得自己被忽視、被遺棄了？我怎麼了？」

如果無法溯源，回到源頭去看見、去理解情緒背後那個「始作俑者」，我們就永遠無法爲現在的困境解套。

當你認回小時候自己被忽略的經驗以後，你才明瞭：「爲什麼有時候我會這麼敏感？」「爲什麼我會那麼沒有安全感？」「爲什麼我這麼害怕麻煩別人？」透過溯源，我理解了自己、寬恕自己，同時也去擁抱了當年那個「被忽略的自己」。

如此的理解，有助於我們爲自己的人際困境解套，讓我們不再受困於「被忽略」的過往經驗。理解就是療癒。

「你不用完美，但你要完整。」把小時候被忽略的自己認回來以後，我們的生命就完整了。

當年被忽略的情緒（委屈、害怕、空虛、失落、憤怒）因爲被看見、被擁抱了，如此才能眞正過去，不再繼續困擾著**現在的我們**。

當我們承認事實、療癒自己時，才有可能**帶著愛與慈悲**，去理解我們的父母：「爲什麼當年他們要把我送出去給別人帶？爲什麼他們當年不理會我的哭泣？」**透過理解，我們**

才能真正地寬恕父母，與父母和解。

請記住，**與父母和解的第一步，就是先與自己和解**。如果不先跟自己和解，你不可能與任何人和解。

什麼叫做「**與自己和解**」？**就是承認並接受自己所有的經驗與情緒**，不管是童年受暴、受虐、被性侵或情緒忽略等等，不管發生什麼，統統認回來。這是你的救贖之道，也是你跟自己的和解之道。

10 你也有童年「遺棄焦慮症」嗎？

過去被遺棄的焦慮感，
就是造成你
今日活著焦躁不安的源頭。

在多年治療經驗裡，我發現只要個案在童年曾經被父母或教養者批判、嫌棄、遺棄、拋棄、情感忽略等，都很容易造成他們長大以後變得低自尊、自我價值感低落、自我懷疑、容易敏感、沒自信、負面思考、災難性思考，老是擔心未來、擔心被批評、擔心自己沒有用等。

因爲長期處在焦慮不安的狀態，讓童年創傷者容易患有許多身心症，例如：憂鬱症、躁鬱症、強迫症、暴食症、自律神經失調，生理上會出現頭痛、身體痠痛、胃痛、氣喘、異位性皮膚炎等。如此身心折磨，其實都跟他們童年「被遺棄、被嫌棄、被忽略」的經驗有關，於是我給它一個名稱，叫：**遺棄焦慮症**。

患有「遺棄焦慮症」者通常具有下列幾項特質：

1.自卑敏感：很在乎他人的眼光、評價。感覺隨時都有一雙眼睛在「監視」自己，對別人的評價異常在乎，很害怕別人的批評，只要別人不開心，馬上就會覺得「他一定對我不滿意」。時時刻刻都在擔心有人在背後說自己的壞話，畏畏縮縮、謹言慎行。

2.負向思考：有時候事情都還沒有發生，卻先預期結果一定不好。這是所謂的「災難性思考」，例如「我一定考不好」「人家一定不喜歡我」「我一定不會成功」「我一定會搞砸」等。他們在做事的過程中會一直充滿焦慮，擔心自己會搞砸。他們的擔心焦慮無所不在，如此將「內耗」自己許多能量。

3.害怕承擔，容易逃避：有時事情都還沒有開始做，他們就會先否定自己，擔心自己做不好，無法勝任，所以他們通常不敢輕易嘗試新事物或接受新挑戰。因爲害怕做不好、擔心被評價，所以面對工作時總是充滿焦慮，不想面對、想要逃避或放棄。

4.擔心未來，害怕冒險：他們不只憂慮過去、現在，更擔心未來。對於還沒發生的事會一直擔心，怕萬一結果不好怎麼辦？萬一自己做不好怎麼辦？這樣的人通常很保守、不敢創新、害怕冒險，因爲他們害怕失控、害怕事情不如他們的預期，也就是所謂「多做多錯，少做少錯，不如不做不錯」。

5.害怕犯錯，害怕被批評：他們會很怕被批評，如果作業被改了，或有人給出「非肯定」的意見，都會耿耿於懷；就算別人回饋的十句話當中有九句是肯定的，但只有一句話是建議或否定，這對童年遺棄焦慮症的人而言，幾乎就等於是「全盤否定」。他們對事情的看法是「全有全無，非黑即白」的二元對立思維，而且通常只會聚焦在「錯」的部分。他們會「放大」自己不好的地方，對於正向回饋通常選擇忽略或無感，卻偏偏又十分渴望得到別人的肯定，相當矛盾。

6. **害怕權威：**因爲小時候被父母嫌棄、批評、否定，因此他們對權威有一種天生的抗拒，很害怕靠近權威，他們經常不是過度服從、討好，不然就是對抗、攻擊；簡單講，他們有**「權威議題」**。

這些人長大以後，面對老師、老闆或任何權威者對他的負向評價，都會「放大」解釋，然後耿耿於懷，難過好幾天都無法釋懷。

7. **擔心被拋棄：**遺棄焦慮症的人會比一般人更期待被看重，只要別人稍微一點點的疏忽，都會觸動他們敏感的神經，例如：「LINE已讀不回」會讓他們覺得自己被忽略、忽視了，立刻感到委屈、憤怒。這個憤怒的背後其實是恐懼，他們害怕被拋棄，這就是童年被忽視、被拋棄經驗的恐懼「情緒再現」的緣故。

8. **情緒經常處在混亂狀態：**遺棄焦慮症者經常無法安靜、無法獨處、無法專注在當下，因爲他們的內心是混亂的。

每當這樣的個案來到我面前，我都會邀請他們先閉上眼睛、靜心冥想。

但可想而知，這對他們是困難的，他們不是坐立難安，不然就是不到幾秒鐘就急著張開眼睛。他們害怕閉上眼睛，因爲這樣會很沒有安全感，他們需要掌控一切。他們害怕安靜，安靜會讓他們感到不安、不知所措。這一切都是因爲他們的內在混亂不堪，但也因爲如此，其實他們更需要先安靜下來，讓內在的波瀾得以平息。

11 父母的打罵是正常管教，還是虐待？

否認創傷、逃避面對受虐真相，反而是讓你現在活著感到痛苦的最大原因。

如果你跟別人提起小時候被父母打，你一定聽過這樣的回應：「拜託喔，誰小時候沒有被打過？大家都是被打大的，不是嗎？」

這樣的語言輕易地就把家暴、虐待「合理化」「正常化」，我們馬上就被迫閉嘴。於是，我們的創傷與情緒就立刻被打入冷宮，關入黑暗地窖裡，永不見天日。

你有沒有想過：難道父母的管教方式非得用打罵才行嗎？父母打罵孩子是天經地義的事嗎？

天底下最大的謊言就是：**「天下無不是的父母。」這句話是所有施暴父母的「遮羞布」**，成功掩蓋了父母的暴力罪行。這招很管用，此話一出，所有受虐兒就得統統閉嘴了。

如果這一招沒用，還有第二招：「父母養育之恩，浩瀚如天。」這句話在告訴我們：

父母養你、給你飯吃，他們很偉大，就算他們有錯又怎樣，何必計較呢。

這是計較嗎？所以我們應該「打落牙齒和血吞」，就算父母怎麼打罵、亂發脾氣，甚至性侵，我們都得忍、耐、到、底，是嗎？

這不合理。請問：我們有要求父母生下我們嗎？沒有，是吧。所以生下我們是父母自己的選擇，不是嗎？既然是父母要生我們，他們就得**負責**養育我們，提供教育、安全感與愛，請問這有過分嗎？怎麼反過來要跟孩子「討恩情」，藉此威脅孩子應該要孝順父母，這樣合理嗎？

當然我不是說孩子不應該孝順父母，不是的。我想說的是：**孝順這件事不該是「應然」，而是「自然」的事**。你愛孩子，孩子自然就會回報、就會愛你，這不是自然而然的事嗎？怎麼還需要去「教」呢？（所以在西方的語言裡，沒有「孝順」這兩個字。）

「所有你給出去的，都會回到你身上。」你怎麼待人，人家就怎麼待你，這是自然定律，也是人性。如果被硬性規定：不管父母怎麼虐待你，你都不能反抗、不能有怨言，你得絕對服從，你「應該」孝順父母，這不符合人性的。

我們的傳統文化經常有很多不合人性的思維，像是「重男輕女」「嫁出去的女兒，是潑出去的水」，到現在你還相信嗎？如果你選擇相信，我尊重你，但我們也可以選擇「新的相信」，傳統不一定都是對的。

被虐待的孩子經常會被催眠「父母打我是爲我好」「是我不好，才會被打」，如此的語言你還相信嗎？這樣的認知扭曲與矛盾，就是造成孩子一輩子身心受苦的原因。

「否認創傷」是一種心理防衛機制，我們必須爲父母的暴行「合理化」，如此才能在這個家庭裡活下去。然而，**否認創傷、逃避面對童年受虐眞相，卻是造成倖存者現在活著感到痛苦的最大原因**。

我在想一定有人感到疑惑：「小時候我也被父母打過，但我還是感覺父母很愛我，難道這樣也算虐待或家暴嗎？」當然不一定。當父母的愛「大過於」責罰打罵時，我也不認爲那是虐待，因爲那對孩子心理的傷害並不大。

所以，小時候父母的打罵到底是「正常管教」，還是虐待呢？

老實說，沒有一定標準，評斷準則完全看個人而定。

是否算虐待？也要看當時父母打罵的心態，以及它是否造成我們日後身心創傷而定。

對於父母施行打罵時的心理狀態與評估，你可以參考以下幾點：

一、當時父母所給出的語言是什麼？

父母打你時，是好好跟你說明「媽媽爲什麼要打你」，還是給出「你這個廢物，怎麼不去死？早知道就不要生下你」這種惡毒、批判的語言？

嫌惡、批判的惡毒語言加上肢體暴力，殺傷力巨大，這是虐待無誤。

二、父母施暴時的情緒、態度如何？

父母責罰孩子時，當然是生氣的，但如果他們的情緒太過誇張，彷彿把孩子當成敵人或仇人一般暴怒、無情羞辱、打罵，那就過頭了。

這表示父母的憤怒並不單純，裡面一定夾雜著過去的創傷，他們只是藉機發洩罷了。如此情緒暴怒必定會嚇壞孩子，讓孩子產生心理創傷。

三、父母打罵的頻率如何？

孩子不可能天天犯錯，父母偶爾碎唸一下、罵一下都還好，怕的是打罵孩子是「常態」。不管你做什麼或沒做什麼，動不動就被打、被罵，頻率很高，動輒得咎，不好意思，這就是虐待了，不用懷疑。

另外，我覺得評估父母的責罰是不是虐待，最客觀的方法還是要以**「當事人主觀感受」**

爲主。意思是：如果你覺得你被虐待，就是虐待；如果你覺得不是，就不是，因爲被打罵的人是你，你的感覺最準，這是需要被尊重的。

但我也想提醒：**有些人嘴上雖不承認自己被虐待，並不代表他「眞的」沒有被虐待，或他的心裡沒有傷**。

那爲什麼不敢承認自己被家暴或虐待呢？

前面說的，我們從小受到文化道德的壓力與「催眠」，以致不敢去批評自己的父母，所以我們會刻意忽略、淡化它，如此才能與父母待在一個屋簷下繼續生活，不是嗎？

簡單講，不敢承認父母的暴力或虐待，大致原因如下：

1. 「家醜不可外揚」，讓別人知道，我會很丟臉。
2. 我要維持父母完美的形象，不想承認我的父母不完美、我的家庭不完美。
3. 我不可以背叛父母。如果說我被虐待，表示我的父母不好，我怎麼可以這樣說自己的父母呢？這是不孝，更是一種背叛。
4. 我不想面對。逃避是一種心理防衛機制，否認虐待，就可以否認痛苦、可以避免去面對自己被虐待的「事實」。

是不是虐待，當然不是治療師或誰說了算，這必須透過「對話」幫助當事人評估。不要誇大，但也不要自欺欺人。

每當我問案主：「小時候父母打你、罵你，你會不會覺得自己被虐待了？」有人馬上淚如雨下，感到委屈與被同理。但有些個案當下會立刻僵住，很難接受「自己被虐待」這個事實，他們會感到疑惑：「這樣也算虐待嗎？」

如果是後者，我會尊重他們的感受，不會把自己的判斷加諸他們身上，但我會繼續與他們對話，讓他們理解、辨識父母的「不當教養」是如何影響他們身心與人格的發展。

不急，慢慢來，**承認**事實本來就很難。不承認也沒關係。

對於否認自己受虐或被家暴的個案，我會尊重，但我也會跟他們解釋：去「確認」父母的毒性教養，目的不是要指責父母，而是要確認我們的傷是不是跟童年創傷暴力有關。這個確認很重要，因為這會讓當事人知道：

1. 原來我現在的痛苦不是無的放矢、不是無病呻吟，原來這跟童年有關。
2. 原來當年我被父母虐待或暴力相向，那是父母的問題，「不是我的錯」「我才是受害者」。把責任畫分清楚，我們才不會一直感到自責、羞愧，自我耗能。
3. 找到痛苦的根源，我們才能「對症下藥」，去療癒自己現在的身心疾病。

4. 透過這個確認，幫助我們面對生命的眞相，也面對眞實的自己。當我們不再自欺欺人時，療癒才有可能發生。

當然我也同意，有時父母的打罵只是「偶爾」，它不是我們童年的全部，不必放大，其實父母也有對我們好的時候。但這時我都會跟個案講**「一碼歸一碼」，不要混淆，有時「功過不能相抵」**。

父母對我們好的部分，我們依舊要感恩、感謝；但父母傷害我們的部分，我們也要誠實面對，有時無法「抵銷」就算了。這種內心的傷是無法抵銷的，**只要你的情緒沒過去，你的創傷就永遠好不了**。

當然有人還要問：「如果童年遭受父母暴力傷害，那我需要去寬恕父母、原諒父母嗎？」我猜這是很多人想知道答案的問題。

老實說，「寬恕」並不是那麼容易的事。我建議先好好療癒自己、善待自己，不要先急著想要寬恕誰。因爲在你的創傷療癒好之前，**太快的寬恕其實都是「頭腦的寬恕」，那是假的**，這樣對你的療癒一點幫助都沒有，反而更傷。

要不要寬恕父母這件事不用急，也不須刻意。當務之急，是去**接納**當年自己受傷的事實，好好療癒自己，把自己愛回來，這比較重要。

如果你目前無法原諒父母，也沒關係，那就請先「**原諒自己不能原諒**」吧，請對自己寬容一點，如此，你就跟自己和解了。

當你跟自己和解了以後，自然就有能力與他人和解，這個順序千萬不能搞錯。

12 道歉、道愛，是最好的療傷良藥

沒有人是完美的，
你不用當完美的父母，
你只要當一個「會反思、足夠好」的父母就好。

看完上一篇文章，我猜許多父母可能會開始冒冷汗，心想：「那我到底有沒有虐待我的孩子？」其實當你還有這樣的擔心與反思時，老實說我就比較不擔心了。這表示你是在乎孩子的。

父母難爲，我永遠都知道當父母的眞的很不容易，那是大修行啊。我寫這篇文章的目的眞的不是要**責怪**父母，而是要**幫助**父母去檢視自己與孩子的關係，不要因爲當年一時的「不當管教」造成日後親子關係的疏離冷漠（許多孩子是長年不跟父母講話的）。

其實，沒有人是完美的。**你不用當完美的父母，只要當一個「會反思」「足夠好」的父母就好**。

過去我們的管教責罰是否過分？是否有造成孩子的心理創傷？請回想當時你打罵孩子

時，孩子的表情、情緒，你就會知道。其實，只要檢視一下你們現在的親子關係（親近或疏離），你大概就知道答案了，人不要騙自己。

如果你眞的還是不知道，**最簡單的方法就是直接去問孩子**。

你可以直接告訴他（她），過去你曾經罵他、打他，現在回想覺得這樣是不對的，所以你想跟他道歉。然後**開放**孩子去回應這件事。如果孩子心裡眞的受傷，他可能會哭、沉默不語、冷漠，當下可能會拒絕原諒你（請接受他可以不原諒你）。不管他此刻的反應如何，請統統接受，聆聽就好。同時請注意，**請不要再爲過去爲什麼會責罰他做解釋了，你只要眞誠道歉就好**。

或許孩子會告訴你：「沒事。事情都過去了，不用再提了。」這可能是孩子善良、貼心的表現，當然也可能他還沒準備好去**面對**，此時建議：你還是要繼續眞誠道歉，讓孩子看到你是**眞的**、**眞的**很在乎這件事。

有一次私塾學員武雄告訴大家，他兒子念幼稚園時，有一天太太有事不能帶孩子去學校，要求他帶孩子去上學。那一天兒子鬧情緒不想上學，而他又趕時間上班，心裡很焦慮，於是就狠狠賞了孩子一巴掌，甚至拿藤條打孩子。他說他永遠記得兒子當時充滿恐懼、怨恨、憤怒的眼神。

說完故事後，武雄回去就寫了一封信給兒子，鄭重跟他道歉（現在兒子已經長大，是三十幾歲的大男人了）。兒子回覆說：「事情過去了，沒什麼，我忘記了。」但武雄知道，其實沒過去。

這些年他們父子關係疏離、無話可說，這讓武雄知道，事情其實沒過去。

於是武雄找了一天，那天剛好是兒子生日。兒子在公司上班，他LINE兒子問他下午是否可以請假，他想幫他慶生。兒子剛開始拒絕，覺得沒必要，但經過他再三央求，兒子終於答應了。

那天下午他開車到兒子公司門口等他，然後載兒子前往宜蘭泡湯。在路上，他又一次跟孩子道歉，向孩子說「對不起」。這次孩子紅著眼眶，沒說話。

那一天，他帶著兒子到一處野溪泡湯，跟兒子說那是他年輕時的祕密基地，每次被父母打罵心情不好時，他就騎著機車跑來這裡泡湯，順便療傷。

父子兩人在野溪裡裸裎相對，彼此的心瞬間開放。那一天他們說了很多話。武雄說，那天他們父子說的話，遠遠超過之前三十年所說的。第一次，他與兒子如此靠近。

泡完湯的回程路上，兒子主動說要幫他開車，「爸，我來開車吧，你好好休息。」他接受了，因爲他知道這個善意舉動，表示兒子已經原諒他了。

然後兩人一起去蘇澳漁港吃海鮮，吃得很開心，一路上有說有笑。這場泡湯的慶生之旅，其實也是一場美好的父子**和解**之旅。

13 他只是個「受傷的孩子」，不是「壞小孩」

暴力是學習（模仿）來的。
以暴制暴的懲罰，
無助於終止兒童的暴力行為。

還記得前面寶拉的故事嗎？寶拉讓我學習到：治療師本身「創傷知情」專業能力的重要。如果想要幫助童年創傷者，不具備創傷知情專業知能，你恐怕很難理解他們的行爲、情緒；你跟他們會是兩條平行線，根本無法同理他們。

到底什麼是「創傷知情」？我先說一個故事吧。

朋友W在小學當老師，有一天她打電話給我，說有事要請教。

隔天，我們約在一家咖啡廳碰面。一到，她就問我：「志建，我請教你，如果孩子有暴力傾向，我該怎麼辦？」

我先請她說明緣由。

原來她班上有個小男生小明，上學期一切都正常，但這學期不知怎麼了，上課不專心、功課不寫，還經常跟同學起衝突，脾氣變得很暴躁、會罵髒話，甚至動不動就要打人，讓身爲導師的W很傷腦筋。

我問她：「那妳都怎麼處理？」

她傻笑說：「不知道啊，我就是不知道，才來問你這個心理專家。」

我：「妳有處罰他，或當眾辱罵這個學生嗎？」

「沒有。有稍微勸誡一下，但沒有用。」W說。

「還好妳沒有。」我進一步說，「下次如果他再發脾氣、罵人或打人，妳不要當眾罵他或懲罰他，因爲以暴制暴沒有用的。妳可以私底下把他叫到辦公室，好好問他：『小明，上學期你的行爲都很好，但老師發現這學期你好像變了，上課不專心、作業遲交、經常發脾氣。你怎麼了？你還好嗎？家裡是不是發生了什麼事？』你可以這樣問他。

「當然，如果可以，語氣盡量溫柔一點。」我笑著補充。

溫柔？聽我這麼說，W馬上皺起眉頭。我當然懂這個表情的意思。

我知道很難，但這就是身爲老師的修行，不是嗎？

爲什麼需要這樣處理？要溫柔一點？

因爲，**他只是個「受傷的孩子」，不是「壞小孩」**。

我進一步解釋：「兒童的暴力是學習、模仿來的。**以暴制暴的懲罰，並無助於終止兒**

童的暴力行爲。

「我猜小明可能有遭受到一些暴力，或許是家庭暴力，或是被同儕霸凌。受暴兒童會不自覺地『複製』這些暴力行爲與情緒，一來是他需要藉此保護自己，二來因爲遭受暴力或被攻擊，他內心一定很憤怒，這個憤怒情緒需要有一個『出口』，所以他會去攻擊別人就不足爲奇了，不是嗎？」

我又說：「另外，他上課不專心、情緒不穩定、功課退步這部分很有可能跟他的家庭有關，像是父母親吵架衝突、正在鬧離婚、媽媽離家出走等，**這些家庭變故都會直接影響到孩子的情緒、學習、注意力集中**。」我把我的臨床經驗提供給 W 參考，請她回去問問孩子，聽聽他的故事。

隔週，W 打電話給我：「厚，你眞是料事如神耶，他果然是被家暴了。他爸爸過年前經商失敗就經常酗酒，喝醉以後就跟媽媽吵架，不是打媽媽，就是打他。有一次爸爸還拿菜刀要殺媽媽，他嚇死了，說的時候都還在發抖……」

上次談完後，W 就私下約了小明，按照我說的方法「溫柔」地跟小明說話，了解他暴力行爲背後的「故事」（W 做到了，佩服）。

W 沒有責備小明，反而去關心他，讓小明不再防衛。小明當場落淚，哽咽地說：「每次看到爸爸喝酒我就很害怕，因爲我知道，等他喝醉酒以後就會開始罵人、打人。媽媽要爸爸不要喝酒，所以媽媽就會第一個被打；我很害怕媽媽被爸爸打死，跑過去保護媽媽，結果我就一起被打。有一次爸爸還拿著菜刀追殺媽媽……」

W聽了很心疼，輕輕把小明抱在懷裡，跟他說：「這幾個月你一定不好過，辛苦了（很棒的同理）。」

接著，我提醒W，可能要去小明家做一次家庭訪問，了解一下他父母的情況，看是否需要提供資源，讓他的父母去接受諮商輔導。同時也需要讓家長知道，家庭暴力與衝突氣氛已經嚴重影響到孩子的情緒、學習與行爲，爲了孩子，他們必須立即改善。

如果家暴情況沒有改善，就必須告知父母，你可能會通報家暴中心，讓社工介入處理家暴問題，這是爲了保護孩子。

當然，孩子身處暴力中，身心早已傷痕累累，是需要接受心理諮商輔導的，所以還得安排校內的心理師給小明做心理諮商。

聽我這麼說，W鬆了一口氣：「還好你有告訴我這些，不然我還不知道該怎麼幫助他呢。」

14 學習創傷知情，你才可以真正幫到孩子

所有孩子的破壞、攻擊、不合作、不合群等行為，都只是在顯示一件事：「我受傷了，我需要幫助。」如此而已。

根據《深井效應》作者娜汀·哈里斯醫師的臨床經驗，兒童在「惡性壓力」（毒性壓力）下，大腦神經系統的生化機制會使得負責理性分析的前額葉皮質功能受抑制，而來自杏仁核的恐懼反應又被過度喚醒，因此造成孩子根本無法專注、自我控制力較低，變得躁動不安、易怒、容易放棄、衝動、有攻擊行爲。

因此，如果學校老師不具備「童年逆境」與「創傷知情」的概念，我們對這樣的孩子可能會採取責備、貶抑、處罰、訓誡的方式。然而如此一來，你便**複製**了孩子的挫敗經驗，再度喚起孩子在家庭裡的壓力創傷反應。

反之，如果心理師或學校老師具備童年逆境與創傷知情的概念，便有能力去**回應**孩子的脫序行爲與暴走情緒。所謂的「知情」就是「具備知識」，知識就是力量。

舉例來說，如果教師具備了**創傷知情**的知識，當他面對闖禍、偷竊、作弊、肢體暴力、情緒失控、課業跟不上的學生，他不會用下面的語言去責備孩子：「你這個壞孩子，你沒救了，害群之馬……」

反之，他會帶著慈悲的心，溫柔地問孩子：「你還好嗎？你怎麼了？」「你家裡發生了什麼事嗎？」

據說美國加州有一群老師正在接受關於兒童創傷的相關課程，這些課程教導老師們去**理解**被一般老師認定的壞孩子表現出的那些「壞行爲」——像是攻擊行爲、容易情緒失控、隨意罵人、罵髒話、推打同儕、上課搗亂、不守秩序、逃學、打電動、混幫派等等——到底是怎麼一回事。其實這些「壞行爲」，可能都是孩子在家庭遭受暴力創傷的結果。

如果一個老師具備創傷知情的知識，他就不會被孩子的脫序行爲給嚇到，或輕易被惹毛。他會知道，孩子的行爲不是故意的，他也是受害者。

其實孩子所有的破壞、攻擊、不合作、不合群行爲，都只是在顯示一件事：**「我受傷了，我需要幫助。」**如此而已。

一個受過創傷知情訓練的老師會知道如何去**回應**學生的脫序、暴力破壞行爲，會知道如何安撫他們的情緒、理解他們情緒**背後的故事**。

當孩子的情緒及脫序背後的故事能夠被理解、被看見，而不是**被譴責**時，孩子就有機會從家庭的創傷裡走出來，減少暴力行爲的複製。

相對地，如果一個沒有受過創傷知情訓練的老師「慣性地」運用傳統的管教方式，把他們當作壞學生來對付，當眾羞辱、責罵、體罰、記過，這種「以暴制暴」的教育方式，會使這些孩子再度經驗到「暴力」，如此對孩子而言是身心的「二度創傷」（Re-traumatize）。

誰需要具備創傷知情的知識？

所有會接觸到兒童及青少年的學校老師、輔導老師、社工師、心理師、醫師、青少年教育工作者統統需要具備創傷知情的知識。不只如此，包括父母、配偶、創傷者本身，也都需要接受創傷知情教育。

爲什麼就連創傷者本身也需要具備創傷知情的知識？

因爲如果一個童年創傷者本身也具備創傷知情的知識，他就會知道自己受傷了（就是一般所說的「病識感」），如此才可以避免一直被當年創傷的情緒牽制，影響到自己的生活與人際。

當一個人知道小時候的創傷對自己的影響（包括性格、習性、情緒、人際、生活等），知道自己的恐懼、焦慮、沒安全感等可能都源自於自己的童年創傷，他就可以學習如何**保護自己**，或不要讓自己不斷地**情緒再現**，而去傷害周遭的人（當然我猜兒童要有這樣的病識感可能不容易，但成人透過諮商或心理課程的學習應該是可以的）。

當我們知道自己心裡有一個「洞」時，我們就會盡量避免讓自己二度掉進去那個洞裡。如果別人把你惹毛，當下你能夠覺察自己的「地雷」，知道自己情緒眞正的源頭是來自**過去**，而不是眼前這個人，那麼許多的人際衝突就可以避免或減少。

就像過去你經常因爲伴侶LINE「已讀不回」而感到焦慮生氣，如果你具備創傷知情概念，你就會知道：眞正惹毛你的人不是你的伴侶，而是你童年的父母。因爲小時候你有過被情感忽視的經驗，當時你的情感需要沒有被父母適切地回應，所以現在「已讀不回」會自動引發你內在過去被忽視、被拋棄的焦慮感，這就是你焦慮憤怒的來源。如果想要在關係裡避免衝突、減少兩敗俱傷，學習創傷知情、有自知之明是必要的。

15 你也有創傷後遺症嗎？童年創傷對我們的影響

創傷事件結束之後，
其實才是我們療癒的開始。

童年經歷家庭暴力、被性侵、被拋棄、被忽略、被羞辱等負向經驗，不會因爲你後來長大、離家，你的父母也沒再對你使用暴力了，那些創傷就因此煙消雲散，不會的。

童年創傷會一直儲存在你的身體、細胞、記憶裡，並沒有消失。反而當你長大、離開當年的創傷情境以後，**此時，你的痛苦才會眞正開始。而當你感覺痛苦時，你的療癒也同時被開啓了。痛，是身體想傳達給我們的寶貴訊息。**

據說美國退伍軍人自殺率逐年上升，爲什麼呢？明明他們已經從戰場當中存活下來，回到自己安全的家了，不是嗎？爲什麼還是想自殺呢？許多人不解。

因爲那些軍人當年在戰爭中，經歷了許多血腥暴力事件，眼睜睜看著自己的戰友死在眼前，這些暴力陰影變成創傷記憶遺留在他們身體內，不會因爲他們離開了戰場，創傷就不見。

如此也可以解釋：許多經歷童年暴力或被性侵者，爲什麼長大以後依然活得悶悶不樂、痛苦不堪？因爲當年的暴力陰影依舊「儲存」在他們的身心裡，沒有離開片刻，這就是讓他們後來罹患憂鬱症、恐慌症，甚至有自殺的念頭、很想去死的源頭，這些都是創傷後遺症。所以我才說：**創傷事件結束之後，其實才是療癒的開始。**

心理復原需要一個歷程，絕不是一蹴可幾，一路上可能跌跌撞撞、來來回回。這條自我救贖的路雖然艱辛，但請不要輕易放棄，請堅持走下去，你走的每一步都算數。

如果你想檢視一下自己有沒有**「創傷後遺症」**，以下幾點敬請參考：

1. **低自尊、低自我價值，覺得自己是不值得被愛的。**
2. **容易過度敏感，很脆弱，很容易因爲別人一句話、一個眼神就受傷。**
3. **情感匱乏，內在經常感到空虛，有囤積症。**
4. **容易抑制眞我，以「假我」與人交流，不敢眞實表達自己。**
5. **經常自我否定、自我懷疑、自我批判。**
6. **無法與人親近、無法愛人，經常陷入渴望親密又害怕親密的矛盾中。**
7. **很容易自責、愧疚、有罪惡感，經常自我挑剔。**
8. **情緒經常是混亂的，情感不穩定，不容易與人產生連結。**

9.沒有安全感，對人不信任，人際退縮、不自信。

10.有「權威議題」。不是害怕、逃避權威，不然就是去對抗權威。

11.害怕不完美、害怕被批評、擔心自己不夠好。

12.努力求表現、要求完美，就算表現再好，永遠都覺得不夠，很難爲自己的成就感到心滿意足。

以上所列的十二點，你中了幾點呢？

不管你中了幾點，沒關係，統統認回來，請接納自己「我現在就是這樣」，你只須好好療癒自己、把自己愛回來就好。

其實沒有人不受傷的，「你不用完美，你只要完整」。

16 你也是良心過剩、高敏感的人嗎？

造成一個人過度敏感，
經常內疚、自責、羞愧的根源，
其實都是來自你的童年創傷經驗。

這幾年很流行一個術語，叫「高敏感族」（Highly Sensitive People, HSP）。這樣的人很敏感，容易去臆測別人的想法、感受，情緒很容易被周遭的人事物影響。一個界線不清楚的高敏感人，往往會因爲別人生氣、不高興而感到內疚、自責、良心不安，覺得這一定都是自己的問題。

高敏感到底是天生或後天？說法很多，我覺得兩者都有可能。

確實有人天生就是敏感，就像自閉症的人對聲音就很敏感（但請注意，高敏感不等於自閉症）。老實說我對聲音也很敏感，尤其到了中年，我渴望安靜，很怕吵。我很怕機械的聲音，更怕人的吵雜聲，每次搭捷運或走在路上，只要旁邊有人一直大聲講話，我就會立刻閃開。我怕吵，但我不是自閉症，我只是對聲音「敏感」而已。

每個人敏感的東西都不一樣，有些人是聲音、有人是氣味、有人是光線，有人則是某種情境（如被批評時）。

但我也發現，有些高敏感確實是跟後天因素有很大關係。就像伊蓮・艾融（Elaine Aron）博士發現的：若高敏感人有一個不愉快的童年回憶，小時候父母感情不睦、經常吵架，甚至會拿自己當出氣筒，他會比平常人更容易感到焦慮、不安、憂鬱。

高敏感沒有絕對的好或不好。有些高敏感人其實更具有高度同理心，他們敏感卻很貼心，怕麻煩別人，跟這種人相處，一般人會感覺比較愉快一些。

但大部分的高敏感人卻因爲太在乎別人感受，而深受其害。只要別人生氣、不開心，他們就會感到羞愧、自責、良心不安，覺得「這一定都是我造成的」。他們總是太在乎別人的感受，忽略自己的感覺。

當我們對別人做了不好的事，確實應該反省，此時感到內疚、羞愧是應該的，這不是敏感，這是**「健康的羞愧」**。

健康的羞愧是好的，它會讓我們成爲一個能反思、有界線、自我負責的人。

但另一種是**「不健康的羞愧」**，它讓我們感覺動輒得咎，經常感到內疚、良心不安，覺得自己應該爲他人的情緒負責。這種高敏感族通常也是良心過剩的人。

良心過剩的高敏族很多，而且他們通常活得比一般人辛苦。

根據我的諮商經驗，**造成一個人過度敏感，經常感到內疚、自責、羞愧的根源，其實都是來自你的童年創傷經驗**。

小時候父母的不當管教、批評、控制，甚至語言暴力、情緒暴力、虐待等等，都會造成孩子身心嚴重受創。長大以後我們會**內化**父母的暴力語言與批判，在心中形成一個「挑剔鬼」，繼續自我批判，時時感到自責、內疚，以致無法安寧度日。

童年受虐經驗會讓我們變成一個**低自尊**的人。

低自尊者會經常感覺：「我不好，我很糟糕。」「我『應該』爲別人的情緒負責，別人不快樂、過得不好都是我的錯。」這就是過度敏感。

想要停止內疚與自責，我們就必須「去敏感」、讓自己內在那個挑剔鬼閉嘴。具體的作法就是：好好療癒過去的傷，做一個有界線的人。

有了界線以後，你才能夠分辨：哪些是你的責任、是你該負責的；而哪些不關你的事，你得把責任還給別人。有了清楚的界線，你才能清悠度日。

17

你內在也住了一個挑剔鬼嗎？

一旦內在進駐了一個挑剔鬼，
你不但會挑剔自己，你也會挑剔別人。
你會變成一個「挑剔專家」。

你內心裡也住了一個挑剔鬼嗎？所謂的**「內在挑剔鬼」**，就是你內心經常會出現的自我批評、內疚、自責、罪惡感的聲音。

「拜託喔，連這個都不會，你白痴啊！」

「你這樣子沒有人會喜歡你。」

「看你笨手笨腳的，真是大笨蛋！」

「天啊，我又搞砸了，我怎麼這麼蠢！」

「我就是魯蛇，像一堆狗屎！」

「我就知道，沒人會喜歡我。」

這些聲音你熟悉嗎？它們就是一直住在你內心裡的「內在挑剔鬼」，它時時刻刻都在監督你、批判你，汙染你的心情，把你瞬間帶入地獄。

這個內在挑剔鬼是哪裡來的呢？

他當然不是天生的。請回想一下，小時候誰會這樣說你、挑剔你？答案立刻出現。最早的挑剔鬼，當然是外來的，沒有人一出生就會自己挑剔自己。他有可能是你的父母、師長、兄弟姊妹或親戚朋友，甚至整個大社會的批判文化都可能是挑剔鬼的來源（現在網路酸民可不少，不是嗎？）。

人的行爲都是學來的，包括暴力與批評。我們會去「複製」以前別人挑剔我們的方式，來挑剔自己，這就是內在挑剔鬼誕生的主因。

而最助長內在挑剔鬼誕生的方式，莫過於小時候父母對我們的批判、虐待、暴力語言、情緒勒索。

而且我發現，一旦內在進駐了一個挑剔鬼，你不但會挑剔自己，你也會挑剔別人。你會變成一個**「挑剔專家」**，看誰都不順眼，內心一直喋喋不休，覺得這個人不好、那個人很糟糕。你心裡會經常出現「笨蛋、白痴、狗屎、去死」這樣的聲音——內在挑剔鬼絕對是毒舌專家，放毒箭功夫是一流的。

有一種自戀型的人，他的內在挑剔鬼是專門用來對付別人的。這種人總是自我感覺良好，覺得這世上只有自己最優秀，其他人都是次等人、都是白痴。這其實是一種精神疾病，在此先不討論。這裡想討論的是小時候經常被虐待、批評的受虐者。

小時候的家庭暴力、毒性教養，讓我們**內化**了當年施暴者對我們施加的暴力語言，在內心形成「自動化自我批判」，這就是內在挑剔鬼的來源。

內在挑剔鬼總是如影隨形，很難擺脫，教人痛苦不堪。

一名憂鬱症個案告訴我，每天早上她一醒來，腦袋裡立刻就冒出各種批判聲音，不是批判自己，就是指責別人，批判聲讓她的內心汙濁、混亂不堪。

她說她活得好痛苦啊，她也不想這樣，但她就是做不到不去批判呀。

驅除內在挑剔鬼，來場「驅鬼法會」吧！

內在挑剔鬼是一隻要求完美的怪物，而「完美」卻是一隻吞噬快樂的恐龍。

小時候父母總要我們完美，長大以後，為了身心健康，反而我們該學習的是：「接受自己不完美」，這真是有趣。

的確，人活著，盡力就好，不用完美。

如果你內心也住了一個挑剔鬼，那我們就來一場「驅鬼法會」吧！

以下五個步驟，請參考：

1.覺察：時時敏察內心的聲音，當他出現時要馬上「偵測」到，不要讓他繼續發酵蔓延、繼續攻擊你。

2.辨識：這聲音是哪裡來的？是小時候爸爸對你說的話，還是媽媽？或是某個長輩、老師曾經這樣挑剔過你？找出最初的源頭，去與他對話、駁斥他。

3.質疑：勇敢質疑他，跟他對話。「難道沒有考一百分，我就是失敗、就是廢人，我的人生就完蛋了嗎？」「難道我需要一直保持完美嗎？那完美的標準又是誰訂的？」用這樣的語言去質疑、挑戰挑剔鬼，阻止他的威脅恐嚇。

4.產生新的替代語言：找到新的語言來肯定自己。「我知道我已經盡力了，盡力就好。我不用完美，我也不需要被每個人肯定。」

5.驅鬼儀式：透過一個儀式或行動，叫挑剔鬼滾蛋，或叫他閉嘴。譬如：拿一個抱枕象徵挑剔鬼，然後狠狠地把他丟出去、踢開，或把他拿起來，狠狠地對他說：「你給我閉嘴，我不想看到你。」然後把那個抱枕關在櫃子裡、甩開，或丟出去。

透過以上的覺察、對話與儀式，去鍛鍊自己的內在力量；慢慢地，你就可以把內在那個挑剔鬼給趕出去，還給自己一個清靜的心「空間」，當你把心「淨空」了，你才能安靜過好日子。

18 叫你內在那個暴君閉嘴

自我批判，是一種「內在暴力」，
內在暴力會消耗你的能量、
教你生活不得安寧。

小君患有憂鬱症，不想上學。

她其實是一個很聰明的青少女，從小就喜歡閱讀課外讀物，但她對學校的教材沒興趣，雖然只要她認眞念，還是可以考得很好，但她就是不喜歡念書。

小君討厭的其實是學校的僵化體制。她不喜歡被限制，覺得老師管太多，她喜歡自由、喜歡畫畫、喜歡美術、喜歡音樂。

上了國中，小君加入美術班，照理說應該很開心，但並非如此。她說只要待在學校，就覺得自己被限制了，渾身不舒服。

她有著藝術家般高傲孤冷的性格，讓她在學校裡沒朋友，因爲大家都不敢親近她。她總覺得世上沒有人可以懂她，她活得很孤單、厭世，有時會想死了算了。慢慢地，她變得越來越不想上學、不想說話。

母親帶她去看身心科，醫生說小君得了憂鬱症，開藥給她吃。吃了憂鬱症的藥以後，小君變得嗜睡、無感、無法閱讀、缺乏靈感、創作能力降低，這對喜歡畫畫的她是一大打擊。她對自己越來越不滿意，想死的念頭越來越強，於是她母親就把她帶來找我。

我發現，小君內在也住了一個挑剔鬼。那個挑剔鬼經常跑出來罵人，不是罵自己，就是罵別人、罵這個世界，總是憤世嫉俗。

她對自己要求很高，不允許自己當機、不允許自己不優秀。當她想畫卻畫不出來時，就會罵自己「白痴、笨蛋」；當她一次睡十幾個鐘頭醒不來時，就覺得自己的人生「簡直像一坨狗屎」。

自我批判，是一種「**內在暴力**」，內在暴力會消耗你的能量、教你生活不得安寧。日復一日，她腦袋裡的批判聲越來越大，內在挑剔鬼也越來越囂張，讓她經常掉入憂鬱的黑洞裡，爬不出來。

她告訴我，有一次她在學校裡畫了一張畫，老師給她很高的分數，她自己卻不滿意，覺得畫不好，回家後就立刻把畫撕掉。

我聽了很訝異，對小君說：「哇，妳對自己好嚴厲哦。我可以知道，**妳內在那個『暴君』是哪裡來的嗎？**」

我這次用「暴君」的隱喻，來取代「內在挑剔鬼」。我猜，當下這個語言可能會更貼近她的感受。

小君很聰明，馬上回我：「那個暴君是我媽媽。小時候只要我字寫得不好看，我媽就撕掉我的作業簿，要我重寫；每次我洗碗，她都嫌我洗得不乾淨，要我重新洗一遍。」

然後，我又問：「還有第二個暴君嗎？」

小君想一下，說：「小學五年級，有一次書法課，老師嫌我毛筆字寫得很難看，像鬼畫符一樣。老師當眾批判我，讓我很難堪，當下很想找個地洞鑽進去。」

很好，我繼續問：「還有第三個暴君嗎？」

小君突然想到：「小時候我經常回祖母家，堂哥、堂妹都會在那邊玩。小時候我就很叛逆、很有主見，不喜歡被大人控制，所以他們都不喜歡我，祖母經常批評我說孩子裡面我最不乖、最討人厭。」

了解，眞相大白。

接下來，我讓小君閉上眼睛、回到小時候，回到當時被批判的情境裡（案發現場），一一去跟媽媽、老師、祖母說話。我開始做BEST及「內在小孩療癒」。

在對話演練中，小君如實地告訴媽媽，小時候被媽媽批判，讓她很傷心、難過。她如實地跟小學老師說：「當時你對我的批判，嚴重地傷害了我的自尊心。」她也憤怒地跟祖母說：「很遺憾妳不喜歡我，但我就是我。我就是不喜歡被你們大人控制，我沒有錯，我不是壞小孩。」

做完空椅對話練習以後，我拿出一個抱枕給小君，象徵小時候的她（她的內在小孩），並且邀請她抱抱她、疼惜她，然後我說：

「以後當內在暴君又出現、又來攻擊妳的時候，請妳站出來爲這個小孩子說說話。請妳當這個小孩的保護者、辯護律師，爲她辯護，叫那個暴君閉嘴，就像妳剛剛做的一樣，可以嗎？」

保護者、**辯護律師**，是一個有力量的隱喻與「新語言」。

其實小君內在是很有力量的，你看她從小就敢反抗大人、反抗體制，而且很有正義感。她曾說她最痛恨世上不公不義的事，所以我利用小君這個「正義感」（也是她的「內在資源」），來對抗她內在的暴君。

果然有效。小君一聽我講到「保護者、辯護律師」，立刻振奮起來，覺得好玩。她立刻挺直身體，興奮地說：「好啊，原來我可以叫暴君閉嘴，太好了，這個我喜歡。」

談完後，小君帶著她的新身分——保護者、辯護律師——一起回家。

離開時，她露出燦爛的笑容，跟我說再見，那一刻我知道，她的力量回來了。

Part 3
認識情緒、解構情緒

情緒是生命的一部分，
與情緒共存，才能擺脫情緒的勒索。

情緒是無意識的反應，
創傷治療就是把「無意識」的情緒反應，
變成「有意識」的覺察。

1 為什麼我們無法感覺、害怕感覺？

乖小孩的傷，最重，
因為他們已經失去了感覺的能力。

四十八歲的碧楚絲是一對傳教士夫婦的女兒，一直深受憂鬱折磨，甚至連自己餓不餓都不知道。

她的母親曾驕傲地在日記裡記錄，碧楚絲三個月大就已經學會等人餵食，耐得住餓，不哭也不鬧。因爲，任何不滿意和不高興的表達，都會使母親心煩意亂，小孩的痛苦也令她焦慮不堪。甚至連小孩對自己身體的享受，都會激起她的嫉妒，讓她惱羞成怒地擔心「別人會怎麼想」。這種種情況，讓小孩很早就知道了自己不應該有什麼樣的感覺。

上面的文字摘自愛麗絲．米勒的《幸福童年的祕密》。她在書裡明確地告訴我們：父母虐待、情緒壓抑、情感忽略，會讓我們困在創傷的牢獄裡，痛苦一生。

父母的毒性教養不但會否定我們的感覺、壓抑我們的情緒，更會讓我們產生羞愧感、變得低自尊，最後連感受及表達感受的能力都會失去。

你以爲孩子的不哭、不鬧，是乖嗎？其實不是，那是「**壓抑**」。那些從小壓抑情緒、無法感覺的孩子，長大以後勢必得付出身心疾病的痛苦代價。

許多人懼怕權威，在職場上無法與上司溝通，在伴侶關係裡不敢表達自己的需要，缺乏界線，這樣的「表達失能」或「無感」就是毒性教養的代價。

乖小孩的傷，最重。其實這個傷不光是小時候，更甚於長大以後。當你還在爲自己的小孩很乖、很聽話感到洋洋得意時，其實你已經在他的未來裡埋下「不幸福」的種子卻不自知。

壓抑情緒、害怕別人生氣、失去感覺、無感，這些都是現代人身心症的根源，所以幾乎所有的心理治療工作，都是在幫助案主做覺察。覺察什麼？覺察自我內在的感受、情緒、渴望、需求等（就是所謂的「冰山」）。

治療的目的，就在幫助案主把童年壓抑的感受能力給找回來。一旦覺察能力提升，案主的自我療癒力也就跟著提升。

找回感覺，就找回自我。

現在人大多活得「無感」，永遠都是一副面無表情、冷漠疏離的樣子。其實沒有人是天生無感的。人之所以無感，得「歸功於」從小家庭的毒性教育，是他們奪走了孩子的感受能力。要控制一個人最好的方法，就是奪走他的感覺及思考能力，如此他才可以任你擺布，這就是許多大人不希望自己小孩有感覺的原因。

但是，感覺是人的生存本能，也是上天賜給我們的禮物。**失去感覺，你便失去辨識能力與自我存在感。**

爲什麼人們害怕感覺、害怕碰觸情緒？歸納原因不外有三：

第一：家庭學習

語言是學習而來的，情緒也是。家庭是我們學習語言與情緒的最主要來源，父母尤其是我們學習的第一個模仿對象，如果從小你就觀察到自己父母不談感受、避談感覺，甚至他們表達情緒的方式只會互相指責、批判、冷戰、暴怒、攻擊，那麼耳濡目染之下，我們自然就學到這些不健康的情緒表現方式。

第二：社會影響

人是社群的動物。根據社會建構理論，我們的價值、語言、行爲都是由社會建構而成。請問，我們的社會（主流價值）有鼓勵我們表達眞實的自我、表達感受嗎？沒有，剛好相反。社會鼓勵的不是「眞我」，而是「假我」，而且社會是批判情緒的，他們標榜以和爲貴。有時候明明你很生氣，卻不敢表達出來，因爲你害怕你生氣了別人會生氣、會不喜歡你，不是嗎？

不信，請聽聽看，當你有情緒時，別人會怎麼說你：

「說你一下就不高興，你這個人太情緒化了。」

「這點小事你也在生氣，厚，你EQ很低耶。」

「不要難過，看開一點，不要想太多就好了。」

「不要哭，不要難過，你要堅強一點。」

「不要害怕，要勇敢一點，像個男人。」

如果你在情緒當下，收到這些批判語言時，自然你就被教導：有情緒是不好的。這正是社會主流價值對情緒的偏見與影響。

第三：童年創傷

早期童年創傷經驗，對我們日後情緒的表達影響最大。

如果你的童年是處在混亂衝突、缺乏界線、情緒暴力的家庭裡，當時的你必定很痛苦，不想要有感覺。尤其當你小時候哭鬧，大人不但不接納你的情緒，反而禁止你哭、賞你一巴掌、恐嚇你「閉嘴，不許哭」時，你就學習到有情緒是危險的。

當你的身心遭受暴力威脅時，你的神經系統會自動進入「戰或逃」或「關閉／凍結」

狀態，這是身體非常重要的生存機制。因此日後遇到衝突情境時，你會立刻自動關閉感覺系統（如同斷電系統一樣），因爲這是你童年因應壓力的方式。

以上三點就是讓我們害怕情緒、變得無感的原因。

2 心理治療的目的就是讓人感到身心安穩、不再孤單——為什麼回到身體去感覺很重要

身體是潛意識的大容器，裡面儲藏著我們從小到大的創傷記憶。

我們的身體其實都很荒涼

其實多數人的身體都很荒涼。

你是不是經常感到孤單、寂寞、身體有一種「荒涼感」，其實這個荒涼感最早的源頭就是你的童年，尤其在嬰幼兒時期。請問小時候的你有被擁抱夠嗎？想必很多人的答案都是「沒有」。

這幾年做創傷療癒工作，我漸漸感受到「身體」的重要。

我們對身體的理解恐怕是九牛一毛，十分匱乏。其實身體不是你想像的那樣，它不是

爲你所用的「工具」，它是你靈魂的殿堂，是你今生自我形象的表徵，更是你存在的根本。

想要感受情緒，就得回到身體、感覺身體，因爲身體是情緒的載體。無法感覺身體，你就無法感受情緒、感受自己，這等同與自己隔離，這就是讓我們感到身心荒涼的原因。

近幾年我也發現：如果一個人想要學會愛自己，那就得從身體下工夫，好好去「覺知身體、找回感覺」，這正是愛自己的最佳途徑。

身體是情緒的記憶體

身體不只是身體，它不是一個軀殼而已，更是一個有生命的「有機體」。

身體是情緒的接受器、傳導器，更是潛意識的大容器。怎麼說呢？

在嬰幼兒時期，我們的語言能力還沒發展出來，無法用說來表達感受，此時情緒就是嬰兒的語言。他餓了、尿布濕了，就直接用哭來表達不舒服。哭（情緒）就是他的語言。

身體是我們存在的根本。人出生來到這個世界時，我們就只有身體。我們透過身體與外界連結，並感覺這個世界，所以嬰幼兒的身體就是他們對外連結的「管道」、外在情緒的「接受器」，更是自我情緒表達的「傳導器」。嬰幼兒是靠身體來經驗世界、感覺世界，並與世界溝通、與人連結的。這個認知很重要。

當嬰兒被擁抱或大人對他和善微笑時，他會溫暖愉悅，於是他立即用笑來回應。但是當他生理不舒服（餓了、尿布濕了）或缺乏關注時，他就會哭給你看。你看，他的「表達」很直接的，不是透過思考，而是透過身體做表達。

根據研究，其實嬰兒在母體內時就已經有「感覺」了，他可以感受到母親的喜怒哀樂，甚至感受到自己是否被母親所期待來到這個世界。

因此，母親懷孕時如果心情不好、壓力大，這樣生出來的孩子情緒會比較不安穩，比較難帶，那是因爲他在母體時就已經「吸收」了母親大量的負向情緒，耳濡目染，變成了他自己的情緒（這叫**「情緒內化或情緒認同」**，嬰兒會去內化母親的焦慮）。

另外，剛出生的嬰幼兒，他的身體與情緒是如何被回應與對待的，這件事也相當重要。

嬰幼兒的基本需求就是：食物、睡覺、擁抱（愛）。溫飽的生理需求是基本的，心理上的安全感與被愛的需求對嬰兒更重要，但大人經常忽略。當嬰幼兒哭鬧時，就是在表達需求（不管生理或心理），此時照顧者如果沒有立即回應，或當下情緒不穩定，用負向情緒或暴力語言對待，例如：不耐煩、生氣（好煩，不要哭了），嬰幼兒其實都會知道媽媽生氣了，同時他也會感到受傷。**這樣的傷是沒有語言的，但它會儲存在嬰幼兒的身體裡，感覺自己不值得被愛**。此時的嬰幼兒可能會因爲父母的情緒暴力，影響神經系統，進而關閉或凍結自己的感受，這就是讓我們長大以後一直感到焦慮不安、沒安全感、孤單寂寞的原因。

人的情緒反應是無意識的、自發性的，不經大腦的。

嬰幼兒的情緒其實是一種「表達需求的反應」，而大人的情緒反應卻會直接影響到嬰幼兒的自我認知，讓嬰兒感到自己被排斥、不被喜歡，受傷的情緒會自動化地儲存在身體裡，一直到長大成人。

其實我想說的是：爲什麼我們經常莫名地感到焦慮不安、憤怒、沮喪？這其實都跟我們的主要照顧者當年如何回應我們的情緒反應有關。

身體是潛意識的大容器，裡面儲藏著我們從小到大的創傷記憶，所以認識情緒，從身體下手，這是最佳的方式。

3 表達真實情緒為什麼這麼難啊？

情緒就像一個孩子一樣，
需要的是被理解、被接納，
而不是想辦法「除之而後快」。

一位做敘事的朋友告訴我，有一次他受邀到某大學做專題演講，講敘事治療，演講到最後，他邀請大家練習自由書寫，做自我內在感受的表達練習。

他說，當他邀請在場的學生及老師打開筆記本，做自由書寫練習時，幾乎所有的教授們立刻起身，離開會場。

朋友笑著說：「你看，人要碰到自己的內在感覺有多難啊？」

這是朋友的經驗，我的經驗也不遑多讓。

我經常被邀請到各學校帶領輔導老師、心理師參與敘事工作坊，過程中我也會邀請大家在說故事前先練習自由書寫，這是說故事最好的暖身。

一開始我會請大家從「我感覺」開始書寫，我發現有些人會突然愣住，無法下筆，有人則是眉頭深鎖，彷彿談感覺是一件多痛苦的事。我當然明瞭如此抗拒的意涵，一來是我們不習慣碰感覺，二來是人害怕與自己內在的感受連結。唉，談感覺眞的不是一件容易的事。

你看連學校的輔導老師、心理師都很難做到了，何況是案主呢？

還有更離譜的經驗：有一次我參加一個諮商專業研討會，主題是存在主義諮商，因我對存在主義很感興趣，於是報名了。

課程前半段談理論部分都還好，後半段由講師現場示範個案督導。一名新手心理師上台接受講師督導，那位心理師談到自己的諮商困境是：他的案主每次來情緒都很低落，他不知該如何回應？

話說當下，這個教授突然瞬間拔掉麥克風上的紅色套子，套在自己的鼻子上，然後告訴這名新手心理師，說：「你可以這樣做（扮小丑）。」

當場所有學員哈哈大笑，但我笑不出來，感到錯愕。

接著那位教授解釋：「我們不能讓案主一直陷在憂鬱的情境裡，要盡快把他從負向情緒中拉出來，這才是有功能的諮商師。」

我聽了立刻皺眉，很難相信我的耳朵，這樣的話竟然出自一個大學教授的嘴裡，而且他還是教諮商的。

當然，每個人可以有自己的學派與治療方式，我尊重。但老實說，那位教授的做法，我並不認同。

不管是我過去所接受的心理治療訓練或諮商實務經驗，我都相信：「案主的情緒就像一個孩子一樣，必須被理解、被接納，而不是想辦法『除之而後快』。」這位教授用扮小丑、搞笑的方式去面對案主的情緒，那是一種「**打岔**」，同時也是在否認案主情緒的存在，此時我們跟案主之間就會產生「斷裂」了。

等大家開心過一陣子後，面對這個權威，我想練習做「**一致性的表達**」，不想討好。於是我舉手，心平氣和地發表自己的看法，不攻擊、不討好、不逃避、不打岔。

我說，我欣賞講師在某方面的創意，但是在這例子上，我無法苟同。我淡定地說：「案主的情緒需要被理解、被接住，我不贊成扮小丑、搞笑，這是打岔，如此會有個危險性，這會讓案主以爲我們在否定他的情緒。」

話說完後，底下一堆人點頭。

下課後，幾個心理師特地跑來告訴我，他們很認同我的看法。

我很感謝他們的支持。但我心裡也在想：「那剛剛在課堂上你們怎麼不說呢？」哈，可見要表達自己眞實的感受有多難啊。

4 到底情緒為何物？你真的懂情緒了嗎？

人的頭腦有分別心，活在「二元對立」的價值裡，
我們總習慣分好壞對錯，
這其實才是教人受苦的原因。

情緒就像呼吸一樣，是我們生命的一部分

情緒就像呼吸一樣，時時刻刻都與我們同在。

你無時無刻不在呼吸，只是有時沒有覺察罷了。**你不知道「你正在呼吸」，就如同你不知道「你有情緒」一樣。**

沒有呼吸，代表你死亡了。沒有情緒，要不你是得道高僧，要不你就是無感的活死人。

其實人每一刻都有情緒的，不管是正向情緒或是負向情緒。

或許有人會說：「沒有啊，此刻我沒有任何情緒，我是平靜的。」

不好意思，「平靜」也是一種情緒。

請問，平靜帶給你什麼感覺？是不是感到內在安穩，甚至有一種淡淡的喜悅？這就是情緒。

大多數人跟我一樣，都喜歡平靜的感覺，但想要時時保持平靜，簡直比登天還難，那是大修行。多數時候我們的內心都不平靜，不是泛起陣陣漣漪，不然就是波濤洶湧。畢竟我們都是凡夫俗子，欲望多、愛恨情仇也多，這些都是情緒的來源。

我們時時刻刻都活在情緒中，辨識就好、不用排斥，就如同你活在自己的呼吸裡，也如同魚活在水裡一樣。

呼吸，沒有一刻離開過我們，情緒，也一樣。情緒是我們生命的一部分。

情緒像天氣

情緒就像天氣一樣，變化莫測。

人的喜怒哀樂，猶如天氣的晴時多雲偶陣雨，偶爾還會刮起一陣風呢。

我們無法掌握情緒，就像無法掌控天氣一樣。天氣每天都在變化，情緒也是，情緒是流動的。

或許你可以預料天氣，但你無法掌控天氣。不管明天要颳風下雨還是出大太陽，都不是你可以控制的。情緒也是。

情緒不能控制嗎？或許有人會說，「不會呀，我很能控制情緒。」

好，我同意。但我覺得，**你所謂的「控制情緒」，其實是「壓抑情緒」**。

你壓抑情緒，但情緒還是在，它並未消失，只是暫時被你壓下去，「隱藏」在身體裡罷了。

請小心，身體如果積壓過多的情緒，有一天會爆出來，就像火山爆發一樣，很多身心疾病就是這樣來的。

許多身體疾病都與情緒有關。不管是癌症、心臟病、異位性皮膚炎、氣喘、胃痛等，都可能源自情緒的壓抑。至於心理疾病，不管是憂鬱症、焦慮症、強迫症、暴食症等，就更不要說了，幾乎都是情緒的問題。

情緒如同天氣，無法預料，難以掌控，那該怎麼辦呢？

唯一的辦法，就是覺察、接受，然後回應它。

好比下雨了，出門就撐一把傘，就這麼簡單。回應情緒，就像回應天氣一樣，你要先覺察它，才能回應它。

面對情緒，就如同面對天氣一樣，不管你喜不喜歡雨天，你統統得接受。

當你接受下雨時，「下雨就下雨，又不會怎樣」，接受以後心情就不會受到太大的影響。

同樣的，當你接受「我今天心情不好、我鬱悶」時，縱使你的心情是壞天氣，但你會知道，這些都是暫時的、都會過去，你就不會過度擔憂。

無論是情緒或天氣，我們能做的就只是覺察、接受就夠了，然後找一個適切的方式去「回應」它，這樣就好。這就是最好的「情緒管理」了。

情緒像一陣風，它是流動的

有些人壓抑情緒，因爲他擔心萬一爆發出來，一發不可收拾怎麼辦？有些人不允許自己或他人悲傷，或許他害怕，如果一直陷在悲傷情緒裡出不來怎麼辦？其實你不用擔心，情緒是流動的，它像一陣風，不會一直固定在那裡的。你想多了。

如果你允許自己生氣，好好生氣，讓情緒流動，它就不會一直停留在原地。

如果你允許自己悲傷，好好去感受悲傷，你才能眞正告別悲傷。

你之所以會一直生氣，是因爲你不敢讓自己生氣，你生悶氣，把氣憋在心裡。生悶氣其實還是在生氣，情緒並沒有消失。如果你一直處在生悶氣的狀態，那個氣被你「壓住」，無法流動，積壓在身體裡，久了就會生病。

你之所以一直悲傷，是因爲你否認悲傷，不想表現悲傷。無法流動的悲傷就會讓你陷入更大的悲傷坑洞裡，爬不出來。

請不用害怕情緒。當情緒的暴風雨來臨的時候，不抗拒、不閃躲，正面迎向它、讓它流動，這就是面對情緒最好的方法。

情緒是一種能量

情緒的英文是Emotion，拆開來變成「E-motion」：前面的「E」就是「Energy」（能量），後面的「motion」，就是動、移動、流動的意思。由此可見，**情緒是一種能量的流動**。

爲什麼情緒就是能量？聽過「怒髮衝冠」這句話嗎？你看，一個人很生氣、氣到他的頭髮都豎起來、衝上去頂住帽子了，可見情緒的能量有多大。

一位朋友告訴我，小學有一天他在放學回家路上碰到一隻野狗，不知怎麼了，那隻野狗突然對著他狂吠，甚至追他。當時他嚇得要死、拔腿就跑，一路狂奔回家。

隔天到學校，一個同學對他說：「昨天我看到你跑得好快喔，今年學校運動會你應該代表班上參加田徑比賽才對。」

然後他苦笑說：「你要不要也被惡犬追看看，我相信你一定跑得比我還快。」我聽了哈哈大笑。

沒錯，恐懼是一種能量。當你遇到攻擊時，大腦的杏仁核會立刻啓動身體機制反應，讓我們不是逃就是戰。我朋友當時跑得比平常都快的背後動力，其實來自於恐懼。

嫉妒也是一種能量。當一個人嫉妒起來，什麼事都幹得出來，不信去看看所有的清宮劇（例如：《後宮甄嬛傳》）。

我有一個個案小梅告訴我，她跟妹妹差兩歲，在妹妹沒有出生之前，她是父母的掌上明珠，全家人關注的焦點，集萬千寵愛於一身。

後來妹妹出生了，媽媽的注意力就轉移到照顧妹妹身上，忽然間，小梅被冷落了，感到很失落、很嫉妒妹妹。她說：「那時候我心裡很恨，巴不得妹妹可以從這個家裡消失。」

小梅接著告訴我一個驚悚的事：「小時候當全家人都在一起時，我會假裝對妹妹很好，很愛妹妹。但只要爸媽一離開，只有我跟妹妹的時候，我就會去偷捏她的臉頰，甚至賞她巴掌。」

想起當時的行爲，連小梅自己都感到不可思議，很驚訝當時怎麼會做出這種事。長大後的小梅感到良心不安，有一次還特意跑去跟妹妹道歉，說她以前曾經欺負過她，但妹妹卻說：「眞的嗎？我完全不知道。」

情緒是喜怒哀樂的表現，它只是一種訊息，沒有好壞對錯

只要是人都有喜怒哀樂，這是很正常的，情緒本身沒有好壞對錯。

但人的頭腦有分別心，活在「二元對立」的價值裡，我們總習慣分好壞對錯，這其實才是教人受苦的原因。

如果我們只接受「喜、樂」正向情緒，抗拒「哀、怒」負向情緒，就無法完整地接受情緒，也無法完整地接受自己，這就是人活得分裂又痛苦的原因。

負向情緒確實讓人不舒服，但情緒無關好壞，其實它只是一種「訊息」，情緒需要的是被理解、被觀照，而不是被排斥，這就是所謂的EQ（情緒智商）。

那要如何觀照情緒、表達情緒呢？請繼續往下看。

5 情緒滲透與情緒汙染

父母通常是家庭氣氛的主導者，
孩子的身心健康受到父母的情緒影響至深。

情緒就像水一樣，不只是會流動，甚至還會滲透。

用一個比喻：如果電梯裡突然有人放屁，裡面的空氣就會立刻被汙染，此時如果你在裡面，必定深受其害，只能忍耐。

情緒汙染也是如此，雖然情緒沒有味道，但一樣會擴散、感染你的心情。

就像你看喜劇電影時，會邊看邊笑，當下心情感到愉快、振奮。如果看的是悲劇電影，你會跟著劇中情節一起哭。如果是恐怖片，你會越看越害怕，甚至顫抖。你看，電影裡的情緒會同時感染你的情緒，這就是「**情緒滲透**」。

情緒不只會「滲透」，更會汙染。就像一杯乾淨的水，滴進黑色墨汁，那杯水就瞬間染黑了一樣。

情緒汙染其實很普遍，在日常生活裡隨處可見。

小時候放學回家，一進家門你看見爸媽坐在客廳裡，兩個人板著臉不說話，氣氛蕭殺。

縱使他們不說話，但你身處在這樣凍結的氣氛裡，自然不寒而慄，你會立刻感到緊張、焦慮，而且你會知道：「爸媽在吵架，我今天最好安分一點，不要惹他們生氣。」你看，此時大人衝突的情緒已經充分「感染」了整個家庭氛圍，進而「汙染」到孩子平靜的心靈。

小倩告訴我，從小她的父母感情就不好，一天到晚吵架，家裡的氣氛從來沒好過。

念小學時，爸媽終於離婚，爸爸離家後從此沒再回來，往後只有她與母親兩人相依為命。但媽媽的情緒並沒有因為爸爸的離開變得更好，反而更加暴躁。因為母親覺得被拋棄，她一天到晚發脾氣、罵爸爸、自艾自憐。

跟患有躁鬱症的母親一起生活，天天遭受她的情緒汙染，任誰也不可能快樂。

小倩說，小學時每天面對媽媽的憂鬱與暴躁脾氣，她的心情幾乎沒有一天開朗過，但她說，上了國中以後，心情就漸漸變開朗了。

我十分訝異，問她：「妳是怎麼辦到的？」

小倩告訴我，上了國中以後，班上有幾個特別活潑的女生，很愛開玩笑，她很喜歡跟她們相處，大家慢慢地就成為好朋友了（你看，情緒果然會傳染）。

小倩說：「每次下課我們都會一起聊天、一起玩。有時她們會帶我去逛街，買些女生喜歡的小東西，跟她們在一起我覺得很快樂，這是以前我從未有過的感覺。」

只要你念過發展心理學就知道，青春期的孩子最需要同儕，朋友對他們是很重要的。

小倩說她每天到學校都很開心，因爲可以跟同學在一起，她寧願上學，也不想回家。所以每天放學時她都會盡量跟同學一起聊天、看書或一起逛街，能在外面停留多晚就多晚，她一點都不想回家。

但最後還是得回家。她說每次回家，當要彎進家裡巷口時，她就必須開始「變臉」，把學校快樂的情緒收藏起來，因爲她無法帶著一張快樂的臉回家，這跟她的家庭氣氛「不合」，她必須裝上一張跟媽媽一樣「憂鬱的臉」，如此好「**配合**」媽媽的不快樂，否則她會感覺自己「背叛」母親，甚至擔心母親會「嫉妒」自己的快樂。

聽完小倩的故事，我嘆了一口氣，心疼啊。

孩子是無辜的，每個孩子都有快樂長大的權利，父母是家庭氣氛的主導者，孩子的身心健康受父母的情緒影響至極。

你也經常遭到家人的「情緒汙染」嗎？請幫助自己，長出「**情緒界線**」來保護自己。什麼是情緒界線？請繼續往下看便知曉。

6 設下情緒界線，別幫他人的情緒「買單」

情緒界線就是：
我允許別人可以有情緒的自由，
我尊重、不介入，但也不要被影響。

有一次我走在路上，本想穿越一座公園，但我遠遠地看到公園裡有兩個人正在吵架，叫罵得很大聲，於是我馬上繞過公園遠離，一點都不想靠近。因爲我的身體對聲音很敏感，衝突聲所給出的能量絕對不是正能量，會教人不舒服，我不想讓自己暴露在負能量中，我想保護自己。

有一次，一位朋友跟我抱怨她先生，她很生氣，覺得先生很自私，都不幫忙做家事，只顧他自己，假日就跑出去打球。

我平靜地聽著，讓她倒垃圾，只做一些同理。過了一會兒，我就故意轉移話題，因爲我不想繼續吸收她的負向情緒。

不要誤會，她當然可以有情緒，我不排斥，但她的情緒與我無關，我不是她的心理師，我不需要去處理她的情緒（這是角色界線），我更不需要跟著她的情緒起舞，我得保護自己。

我母親是很節省的人，她自己捨不得花錢，卻一天到晚捐錢給廟，不然就是亂買電台廣告的藥；對了，我還有個素行不良的五舅經常藉故騙她的錢。

二姊爲了阻止母親亂花錢，每次都不給她太多錢，於是母親就很生氣、暴怒。

每次回家我都要聽母親抱怨二姊，當場我一樣面無表情，不做反應，聽聽就好，因爲我知道反正我說什麼都不可能改變母親的，我選擇沉默、不介入。**有時沉默就是最好的反應**。如果母親還是不停抱怨，那我會選擇「離開現場」，因爲我要保護自己。

請意識到：我們生活在一個「情緒爆炸」的世界裡，記得要保護好自己，不要被別人的情緒「拖累」了。那要如何保護呢？就是學習「**情緒界線**」。

情緒界線就是：**我允許別人可以有情緒的自由，我尊重、不介入，但也不要被影響**。就像我上面舉的三個例子。

是的，別人的情緒怎樣，都是他的事、他的自由，不管他是憤怒、傷心、難過、失望、不爽、沮喪也好，統統與你無關，但你要不要「吸食」他人的情緒，這就是你自己的選擇。請記得，你是有選擇的。

你有沒有想過，**爲什麼你需要幫他人的情緒「買單」**？

別人不高興又不是你造成的，幹嘛那麼害怕別人不開心？幹嘛一直希望別人要快樂？說穿了，你在「討好」，是嗎？

討好是怎麼來的？通常我們最想討好的人，就是我們的父母。

從小到大，只要父母不高興，我們就很害怕，因爲父母已經很熟練地讓我們覺得：如果他們不開心，都是我害的，我有「義務」要爲他們的情緒負責。

在父母的情緒裡，往往夾帶著大量的「**控制**」。（**情緒是最好的控制。**）

很多父母善於利用他們的情緒來控制孩子，像是：「你看，都是因爲你不聽話，馬麻才會生氣。」這樣的語言會讓孩子內心充滿罪惡感，也讓他們誤以爲：「**我應該要爲母親的情緒負責**。」這就是我們長期被父母情緒勒索的原因。

其實每個人都要爲自己的情緒負責，這就是成熟人格的展現。

「我的父母老是吵架起衝突，我該怎麼辦呢？」我猜這是很多人的難題。

老實說沒有標準答案，那得看你跟父母的關係，以及父母爲何爭吵？

但我在想，如果生活在一天到晚爭吵起衝突、烏煙瘴氣的家庭裡，你的日子一定不好過，那是很耗損能量的。

如果置身在家庭暴力中，父母一天到晚吵架，而且你也確定無法改變父母的話，**通常**

我的建議是：遠離。能閃多遠、就多遠（如果你是成人，而且你有能力養活自己的話）。不要捲入家人、父母的紛爭中，吃力不討好，請適當保護自己。

這樣會不會太狠心、太冷血了？如果覺得狠心，那你就繼續介入他們的紛爭，我沒意見。但請小心你的善良可能就是導致你痛苦的元凶。

當然，如果你有不得已的苦衷無法離家，那就學習「情緒界線」吧。**請允許父母可以吵架，他們是可以有情緒的，請尊重，但不介入**。如此你才能不受他們干擾，確保你生活的安寧。

當然，要不受家人情緒的影響，真的很難，這是大修練。

修練的祕訣之一就是：你必須「**放棄當家裡的拯救者**」（其實你也拯救不了任何人）。注意，他們都是大人了，他們必須爲自己的情緒負責，不是嗎？而你，只是他們的兒女，你眞的需要介入他們的紛爭、爲他們的衝突負責嗎？請三思。

以上是我的觀點，僅供參考，不見得適合每個人。如果你喜歡介入別人的情緒與衝突，當然可以，請便，我沒意見。

情緒界線眞的是人生一大修練。因爲你必須「**允許**」別人可以有情緒、可以生氣，而且那不干你的事，你不需要爲他人的情緒負責。

這樣做確實要有點狠心沒錯，光是這個「允許」就好難。我們都是良心過剩的人。我們的善良讓我們想當好人，所以我們「不允許」自己不管，然而對那些不負責任的人而言，他們最喜歡像我們這種善良的人，因爲最好欺負。然而眞正欺負你的人，其實是你自己，因爲你要當好人，所以你「棄守」自己的界線。

常常有人問我：「你接個案或帶工作坊時，學員經常會有大量情緒，當他們發洩情緒、嘶吼時，你怎麼辦？你要怎麼保護自己？」

答案一樣：「守住自己的情緒界線。」

身爲治療師，我有責任必須去面對、處理個案的情緒，但這也不等於是我要爲他們的情緒負責，有了情緒界線，我就不會被他們的情緒給汙染了。

情緒界線的重點是：當我暴露在個案的負向情緒中時，當下的我是「**有意識**」地在面對情緒，而不是「**無意識**」地被情緒干擾，這是很不一樣的喔。

在那個當下，我很清楚知道：他的情緒與我無關，他不是針對我（有時個案對治療師會有很多「移情、投射」的情緒），**我的任務是幫助他覺察情緒、辨識情緒，但我不需要爲他的情緒負責**。我的情緒界線很清楚。

如果一個助人工作者情緒界線不清楚，不但很難幫到案主，甚至連他自己都會被捲入個案的情緒中，影響生活。

一個界線清楚的人，往往是內心強大的人。

老公今晚想跟妳做愛，但妳不想做，可以嗎？當然可以。

但他會失望怎麼辦？

難道他不可以失望嗎？當然可以。

但他失望不代表「這是妳的錯」，妳也不需要爲他的失望負責，他必須自己去處理自己的失望，不是嗎？

兒子打了一整晚的遊戲機，已經到十二點了，他明天還要上學，做父母的你有責任告訴他：「夠了，該去睡覺了。」當你不讓他繼續玩時，他一定會擺臭臉、生氣、失望，這不是很正常嗎？

他可以生氣、可以失望嗎？當然可以。難道你要他歡天喜地地離開他心愛的遊戲機去睡覺嗎？那是不可能的，我猜幾乎也沒有孩子可以辦到。

所以，請「允許」他可以生氣、失望，那是他的事，就讓他生氣失望吧，那又會怎樣呢？

縱使因爲**「我沒有滿足你的需求，所以你不高興了」**，那又會怎樣？不會怎樣的。如果你依然感到焦慮，你該問的是：「爲什麼我需要去滿足別人每一個需要呢？」

請問，別人都有滿足你的需要嗎？沒有，是不是？所以**「我不可能滿足每個人的需要」**這件事不是很正常的嗎？

欲望沒被滿足，人都會不開心。但人是可以不開心的，請允許他人不高興，而且你不需要爲他人的開心或不開心負責，因爲每個人都得學習爲自己的情緒負責，這才是成熟人格的展現，不是嗎？

情緒界線的修練是人生大修練，很難，我知道，沒關係，我們一起練功吧。

7 情緒重現

每一個創傷記憶都隱藏在我們身體裡，
待日後有類似情境發生時，
那個情緒就會「自動彈跳」出來。

一天晚上，小莉在廚房洗碗，突然「砰」地一聲響，她不小心摔破了一個盤子。老公聽見聲響，立即跑去廚房看，卻看見小莉僵在那裡，無法動彈。

老公感到奇怪，問她：「妳怎麼了？」小莉不回答，繼續僵在那裡。老公只好自己走過去幫忙收拾地上的碎盤子。但他心裡納悶不解：「盤子打破就打破，收拾就好了，幹嘛一直愣在那裡，一臉驚惶的樣子？」

其實，這是小莉的「**情緒重現**」。

原來小莉小時候有一次晚餐不小心打破一個碗，結果爸爸很憤怒地直接在餐桌上打了她一巴掌，這就是小莉的童年創傷經驗。

每一個童年創傷記憶都隱藏在身體裡，裡面儲存大量的負向情緒，待日後有類似的情境發生時，這個情緒就會**「自動彈跳」**出來，這是自動化反應，不是我們頭腦可以控制的。這就是情緒重現。

「情緒重現」就是我們在日常生活裡，重複著自己小時候創傷的情緒反應。

那時我們的反應不是戰，就是逃、僵住（當機）或討好。就像小莉，當她打破碗、被爸爸賞巴掌時，她當場驚嚇、僵住，這就是當時她的創傷反應。

大衛告訴我，每次只要女友說他兩句：「拜託喔，連削個蘋果都不會。」「厚，白痴喔，炒蛋你也可以炒成這個樣子。」像這樣的語言，都會讓大衛當場「僵住」（當機），但事後卻感到生氣，感覺自己被指責了，然後大衛就會「悶悶不樂」一整天，甚至好幾天（這是情緒重現）。

女友常不解，想說：「這個男人到底怎麼了？怎麼那麼愛生悶氣？」後來女友才明白，原來那是大衛的「地雷」，不能碰，以後跟大衛講話要小心一點。

大衛的地雷是怎麼來的呢？

原來大衛有一個愛批判、掌控他的母親，小時候他經常被母親挑剔、批評、嫌棄，所以日後任何批判的語言，都會挑起他敏感的神經。長大以後，他變得很難接受別人的批評，只要有人說他一點點不好，他都難以接受，根源就是當年被母親批判的創傷還沒走過。

過去的創傷經驗隱含了大量的負向情緒，這些情緒會深植在我們的大腦記憶裡，變成一種自動化反應，俗稱「地雷」，只要別人輕輕一碰，立刻就被「引爆」。

以下小英的故事也是如此。

爸爸很喜歡釣魚，假日時他經常一個人到河邊釣魚。而且他很會釣，經常滿載而歸。每當爸爸釣魚回家，就把負責殺魚、處理魚的事統統交給我。等我把魚處理完，爸爸就會分送給親朋好友，去炫耀他的戰利品。

這是我高中最深刻，也是最痛苦的記憶。

每次在處理這些魚時，我的內心就充滿憤怒，一邊殺魚，一邊罵：「爲什麼是我要做？」

結婚後，有一次過年，先生買了一條大鯉魚回來，順手就丟給我，要我處理這條大魚，當下我內心立刻升起一股莫名的怒火，像火山爆發。我生氣地回他：「老娘不幹。」當時家人都覺得我怎麼了？幹嘛發這麼大脾氣？

當下我怒氣沖天，連自己都覺得莫名其妙，後來辨識才明白：原來當年我被迫殺魚的憤怒，還一直積壓在我的潛意識裡，今天這個情緒被挑起了、浮上枱面，如此而已。

這就是小英的「情緒重現」，當然也是她的「未竟事宜」。

以下是我私塾學生的故事：

今天跟女友出去逛街，因爲我的鞋子底部都磨平了，打算再買一雙新鞋。

我看鞋子的時候，不喜歡有人跟著我。因此我告訴女友，她可以去逛她想逛的，我要自己找鞋子。

但女友想參與，一直跟著我找鞋。於是我再次告訴她：「我可以、也有能力自己找，不用妳幫忙。」

接著我看見一區單一尺寸特價區，我挑了外型不錯的鞋子試穿，想說如果合腳我就買。

當我發現鞋子太小時，女友馬上站起來說：「我去幫你找有沒有更大的。」此時我火就冒上來了，立刻把鞋子放回去，很生氣地說：「我不買了。」

爲什麼我那麼生氣？後來辨識，我馬上就知道我自己的「地雷」在哪裡。

因爲小時候買東西時，我常常被媽媽和姊姊「建議」試穿這個、試穿那個，雖然表面上她們會假裝開明地問我喜歡哪一個，但最後卻不斷說服我買「她們」想要我買的東西。

這樣的「干涉」讓我感覺自己是一個沒有能力判斷好壞的人。我覺得自己被控制了。因此等到一定年紀以後，我絕對不跟家人一起去買東西。這就是我不斷告訴女友不用幫我的原因，因爲這會勾起我過去「不舒服的經驗」。

結果在她的「堅持與熱心」下，還是把氣氛搞砸了。

如果有一天你的情緒不小心被勾起了，怎麼辦呢？

請不要指責自己或他人，情緒沒有對錯，它只是個訊息，在告訴你：「過去的傷還在，它沒有過去。」如此而已。

當情緒重現時，該怎麼辦呢？以下四個步驟請參考：

1.**覺察它**：先覺察自己的情緒冒出來了。「我感覺生氣、感覺悲傷、感覺害怕。」不管是什麼感覺，覺察是重要的第一步。

2.**接納它**：覺察之後，不管是什麼情緒，統統接受。如同前面所說，情緒只是一個訊息而已，沒有好壞對錯。

3.**辨識它**：既然情緒只是一個訊息，那就安靜下來，去辨識看看：「它是從哪裡來的？」「它想告訴我什麼？」去找到情緒的源頭。

4. **療癒它：**情緒的根源大都來自過去（尤其童年），與某一個創傷經驗有關。看見以後，請你帶著愛與慈悲，好好爲過去那個受傷的自己療傷。

「情緒重現」就如同你內在有一個小孩哭泣了，這時候請你當自己的好父母，去抱抱那個小孩，撫慰他、聆聽他、理解他、陪伴他，這樣就夠了。

當你用愛去療癒自己時，情緒重現的頻率就會越來越少。當你的情緒不再任意被激起時，這就表示你的創傷已經走過，你療癒自己了。

8 當情緒的主人，不等於是「管理」情緒

「安靜、放鬆、回到呼吸、回到身體、回到內在，安靜感覺自己的身體。」這就是覺察情緒的好方法。

我們常聽到一句話：「要當情緒的主人，不要當情緒的奴隸。」說得很有道理，但什麼叫做「當情緒的主人」？恐怕很多人都誤解了，以爲我們得學會去「控制」自己的情緒，是嗎？

早期很流行「**情緒管理**」，但這四個字卻誤導了我們三十年，讓我們以爲：「我們應該控制自己的情緒，管理好自己的情緒，不要亂發脾氣，這才是高EQ的表現。」眞的是這樣嗎？

「情緒管理」這四個字現在已經不太流行了，因爲心理學家警告我們：任何想要管理、控制情緒的意圖都將徒勞無功。因爲情緒如流水，它必須流動；情緒只能疏導，無法控制、

阻攔或禁止。

因此，所謂「**當情緒的主人**」不是要你去管理情緒、控制情緒，而是你要去「**覺察情緒**、**回應情緒**」，我們都搞錯了。

情緒是無法管理的，因爲只要是「管理」，必定牽涉到「控制」。一旦想控制，你就會回到「頭腦」的理性層次，如此就無法覺察情緒。無法覺察情緒，你就無法回應情緒。

情緒是一種情感展現，它屬於內心的感受層次，不是頭腦的理性層次。所以你無法靠頭腦去「管理」情緒，一旦進入頭腦，我們很容易就長出二元對立思維，情緒本身其實沒有好壞對錯，所以任何想用頭腦去控制情緒的意圖，都將徒勞無功（那是「情緒壓抑」）。

那我們要如何覺察情緒呢？

安靜、**放鬆**、**回到呼吸**、**回到身體**、**回到內在**，**安靜感覺自己的身體**。這樣就好。

「我感覺悲傷」「我感覺憤怒」「我的手在抖，我感覺很害怕」……當你能夠覺察到當下此刻情緒的發生與「**存在**」，不批判、不逃避、不否認，進而去「**理解**」當下那個情緒，並去「**回應**」那個情緒背後的渴望、需要，那麼此刻，你就是「情緒的主人」了。

9 如何回應情緒？——當孩子鬧情緒時，該怎麼辦？

一旦情緒可以「自由流動」、不阻塞，它就自然慢慢消融。

有一次，我在網路上看到一組照片，十分驚訝。

第一張照片裡：一個大約三十多歲的白人父親，帶著一個五歲的小女孩到大賣場逛街，旁邊跟著一個五、六十歲的中年男子，看起來應該是祖孫三代。

後來，可能是因爲小女孩想買某樣東西，但父親不肯，於是小女孩就生氣地直接躺在賣場地上鬧彆扭、不肯走。

照片中只見那兩個大人（父子）就在一旁等待，他們**「允許」**小女孩鬧彆扭、躺在地上抗議。這兩個大人不勸阻、不安慰，就站在原地，神色自若地**「等待」**（好佩服啊）。

這個畫面教我看呆了。

我在想，要是我們這邊的父母會如何反應呢？

不用想也知道。大人一定會覺得很沒面子，他們會罵孩子，叫孩子趕快起來。如果孩子不聽話、再不起來，父母就會硬拖、硬拉，把孩子拉起來。這樣處理方式的結果是（大家一定猜得到）——孩子哭鬧得更大聲。

我們這邊處理情緒的方式，只在顯示一件事：「孩子哭鬧、有情緒是不被允許的。」而照片裡白人父親的反應卻告訴我們：「你不高興、不爽、鬧脾氣，沒關係的。那是你的事，我尊重，但不介入。」他們看待情緒是如此平常心，教人咋舌（這就是情緒界線）。

同時，我也佩服照片裡那個年紀大的祖父。當下他並沒有「介入」兒子管教女兒的方式，他也是一個界線清楚的人，他尊重兒子的管教方式，不介入、不插手。

要是在我們這邊，就算我們想要這樣對待自己的兒女、尊重他們的情緒，但如果剛好我們的父母（或公婆）在一旁，老早就出手介入了。他們不是立刻去哄孫女「乖乖、聽話、不要鬧了」，不然就是去罵兒子或媳婦：「你們怎麼不管管，讓她在這裡哭鬧、丟人現眼。」

故事還沒完。

當這兩個男人「允許」孩子哭鬧、不介入孩子的情緒時，你猜怎麼著，不久後小女孩發洩完情緒、鬧夠了，她就自己站起來，然後左手牽著爸爸、右手牽著祖父，開心地走回家，彷彿一切都沒發生過一樣（在第二張照片）。

當你不阻攔情緒、允許它時，孩子的情緒來得快、去得也快，像一陣風。

讓情緒自然升起、自然落下，讓**情緒流動**，一旦情緒可以**自由流動**、不阻塞，它就自然慢慢消退了。

於是我說：**允許情緒**、**尊重情緒**、**讓情緒流動，這就是對待情緒最好的方法**。

允許別人可以有情緒，允許別人可以悲傷、憤怒、害怕。這就是最好的情緒界線練習。

當你**「允許」**時，你就不會抗拒情緒，或急著介入、想當別人的「拯救者」。

而且你有沒有想過：別人眞的需要你的拯救嗎？

其實只要你不要去阻斷別人的情緒，允許別人的情緒可以流動時，這就是對別人最大的幫助了。

10 與情緒同在，就是最好的陪伴

父母安穩了，
孩子就安穩。

有一次在網路上看到一段影片，讓我十分揪心。

影片裡一個大約一歲左右的小女孩，坐在地板上一直哭，後來甚至嚎啕大哭。孩子旁邊坐著一位英俊男士，應該是她爸爸。爸爸在旁邊「看著」小孩，「安靜地」陪伴她鬧情緒。小孩一直哭，爸爸想要抱她，但她不讓爸爸抱、推開爸爸，於是爸爸也不勉強，他就繼續在一旁**安靜地等待著**，不插手、不介入，持續用**溫柔的眼神**看著在地板上哭鬧的孩子。

孩子好會哭，哭了好久、越哭越傷心。不久，孩子哭夠了，慢慢走向爸爸，她願意讓爸爸抱了，於是爸爸就把她抱在懷裡，這一抱，孩子哭得越大聲。

這個年輕帥爸爸抱著孩子、輕輕拍著她的背，讓她繼續哭，完全沒有阻止、沒有發聲（叫她不要哭），從頭到尾都沒有表現出不耐煩的樣子（佩服，他是怎麼辦到的？）。

不久，孩子的哭聲漸漸停歇，最後終於安靜下來了，安穩地趴在爸爸的懷裡，年輕爸爸終於成功地**「陪伴」**了這個哭鬧的小女孩。

這部影片充分地示範了**「如何陪伴情緒」**這件事。我很喜歡，經常拿來當做教學教材。這個爸爸教會我們：不要阻止情緒，允許情緒發生；允許孩子鬧脾氣，不要太快介入，你只要在一旁安靜陪伴，就像等待一場暴風雨過去一樣。記得，**父母安穩，孩子就安穩**。

孩子的情緒不會一直都在，不用擔心。當它來的時候，只要接受它就好。當你接受它，它就會過去。**當你不壓抑情緒、允許情緒流動，一旦情緒釋放完畢，馬上就歸於平靜**。

有一回，我在課堂裡放這支影片，一位婦人看完後淚流滿面，她好感動，感動這個爸爸怎麼可以這麼溫柔。她有感而發地說：「如果小時候我們也有這樣溫柔的爸爸，那該有多好。」

確實，在我們的文化裡鮮少有父母可以允許我們生氣。大部分的父母都會說：「不准生氣、不准哭，給我閉嘴。」如果我們繼續哭，父母就倒數「1、2、3」，然後一巴掌打下去。我猜，這就是許多華人的童年經驗。

如果我們的父母也可以像影片中的爸爸那樣「陪伴」我們，允許我們可以有情緒，不指責、不介入，我在想，或許現在的我們會活得更開朗快樂一些吧，是嗎？

11

情緒只是此時此刻你的狀態，情緒不等於你

「我與我的悲傷同在」這是外化的語言，一旦「外化」了悲傷，我們就可以跟悲傷產生對話了。

覺察情緒、表達情緒很重要。

情緒的「在」，有時不能光靠「感覺」，還須透過語言或文字表達出來，讓情緒被「看見」，這是表達情緒最好的方法。

語言給出一種「看見」。就像你說「哇，這朵玫瑰花好漂亮喔」時，在你給出這個語言的當下，這朵玫瑰花就立刻被「看見」，它就「在」了。

因此，當你說「我現在很生氣」「我感到悲傷」「我好害怕」時，此時在你身上的情緒，立刻被你看見了，同時也被別人看見。

語言帶出情緒的「看見」，**情緒被看見很重要，因為情緒就像小孩子一樣，需要被看見、被重視、被撫慰。**

一旦看見，你就能夠去回應它、處理它。如果你對情緒視而不見、忽略它、否定它，它就會鬧得更凶，就像哭泣的小孩沒人理一樣。

其實情緒只是一種情感的表現，沒有好壞對錯，不用大驚小怪。

生命是流動的，情緒也是流動的。**情緒不是一個固定的東西**。情緒是一種情感的流動狀態，情緒不等於你。當你說「我感到悲傷」時，你只是在表達「此刻」我的生命狀態是悲傷的而已，但不等於你永遠都是悲傷，因爲悲傷是會流動的。

此刻你很生氣，也不代表你就是一個容易生氣的人。情緒就像你身上穿的衣服一樣，你今天穿黑衣服，明天可能穿紅的、後天穿白的，我們每天都在換衣服，你不可能每天都穿同一件衣服出門。情緒也是，你不可能每天的情緒都一樣，除非你患了憂鬱症，那另當別論。

當我們可以覺察情緒，覺知自己的悲傷時，你就可以運用「外化」語言跟情緒產生**「位移效果」**。例如，當我們說「我與我的悲傷同在」「悲傷在我的肩膀上哭泣」時，此時「悲傷」彷彿是我們的朋友、寵物，讓我們可以去陪伴它、與它「同在」，這同時也表示了「你不等於悲傷」「悲傷不等於你」。

一旦「外化」了悲傷，我們就可以跟悲傷產生「對話」。對話中，你就可以凝視悲傷，感覺它、省視它、理解它、陪伴它，這就是我們對待情緒最溫柔的方式。

12 你會表達感覺嗎？表達情緒是需要練習的

不要害怕表達真實情緒，
真正的親密關係是：
「我在你面前，我依然可以做真實的自己。」

你會表達感覺嗎？覺察情緒很難，但表達感覺與情緒更難。

我們常聽到這樣的話：「我覺得你好自私喔」「我覺得你很霸道」「你很白痴」，這是感覺嗎？

對不起，剛剛你說的這些統統不是感覺。這些語言都只是你的「想法、判斷，甚至批判」，它不是感覺。

很多人或許都疑惑了，那到底什麼才是「感覺」呢？

好，請問，「當你覺得這個人很自私、很霸道時，你是什麼感覺？」

很生氣，對不對？「生氣」就是你的感覺、你的情緒。

但是一般人都不會表達說：「我很生氣，因爲你很霸道。」一般人只會在「臉部表情」

上表達生氣，卻用語言說「你很霸道、很自私」，不是嗎？這就是造成人際衝突的主要原因，因爲你給出的不是情緒語言，而是批判語言，沒有人喜歡被批判的。

同時，**當我們的生氣只會用「表情」去生氣、不會用「言語」表現出來，別人就無法理解你、回應你。**

那到底我們要如何表達感覺呢？

「我很開心」「我很生氣」「我感到悲傷」「我覺得好害怕」「我好沮喪、憂鬱」「我好痛喔」這些情緒的字眼都是感覺。

看到這裡你有沒有發現，感覺它是一個「形容詞」，是形容「情緒」狀態的語言。簡單說，人的喜怒哀樂，就是感覺。

當你會談感覺，你才會表達情緒，如此別人才會理解你，你也比較容易與人溝通、建立親密關係。

不會表達感覺情緒，當然不是我們的錯。前面說過，這跟我們的家庭有關，從小我們的情緒就被壓抑，同時我們也沒有一個好範本去學習如何表達情緒，不是嗎？（請問你的父母會談感覺、會表達情緒嗎？）

表達情緒是需要練習的，那麼要如何表達情緒呢？以下四點請參考：

1. **我訊息**（從說「我」開始，不是「你」）。
2. **說感受**（說情緒感受，而不是批判、指責）。
3. **說期待**（清楚表達自己的期待、需要）。
4. **眞誠一致**（表達時態度要眞誠一致）。

做一個眞實、眞誠一致的人很重要，卻不容易。

請注意，**說眞實感受不等於是要去批判攻擊**，這兩種差別很大。說眞實感受的表達祕訣是用「我感覺」，而不是說「你」怎樣。（就是運用「我訊息」）。例如：「當你這樣說我時，我感覺很難過」，而不是「你敢這樣說我，你自己呢？你這個爛人」（這是指責、攻擊）。

「你每天加班都很晚回來，我很擔心，而且我一個人在家感覺很孤單。」這是談感覺。但如果你說：「你把家裡當旅館嗎？想回來就回來。你乾脆不要回來算了。」這是指責、攻擊。

學會表達情緒很重要，這會直接影響到你的人際關係、你的婚姻、你的身心健康。請不要害怕表達眞實的感覺，因爲眞正的親密關係是：**「我在你面前、我依然可以做眞實的自己。」**

13

「缺乏愛」本身才是暴力的根源

打破幻相，
才是療癒的開始。

當你可以感覺到情緒，你才會感覺到自己眞實的「存在」。壓抑情緒，會讓你活得漂浮、空洞、無感，甚至罹患身心疾病。不信，請去看看《小丑》（*Joker*）這部電影便明白。

《小丑》是二〇一九年推出的一部好電影。飾演小丑的男主角瓦昆．菲尼克斯（Joaquin Phoenix）是一個稱職的好演員，電影裡他詮釋的小丑「亞瑟」這個角色，可圈可點，從靦腆畏縮到邪惡凶狠，從弱勢的社會邊緣人走向冷血的殺手，令人害怕又無限同情，演技既內斂細膩又狂放不羈，令人讚嘆。

電影裡男主角亞瑟家境貧寒，他與身體孱弱的母親潘妮兩人相依爲命。如同多數人一樣，母親是影響他一生最大的人。

從小母親就告訴亞瑟，你要做一個快樂的人，你名字叫 Happy，你要帶給別人快樂，這是你活著的最大目的（所以他會去當小丑，就不奇怪了）。

他的使命就是取悅他人，就如他取悅母親一樣。他壓抑憤怒，別人打他，他不還手，他總是忍耐、微笑。因爲他要聽媽媽的話，他要當乖小孩（後來才知道母親爲什麼要這樣「訓練」他，那其實是控制，因爲母親的同居人小時候虐待他）。

「不管多難過，你都要笑。」母親這句話聽起來似乎很正向積極。這樣不是很好嗎？錯，**這句話正是「切斷情緒、切斷感覺」的一把利刃**（請小心太正向的「東西」）。

否認情緒，就是否認自己、否認生命。

難怪亞瑟後來罹患精神疾病，他得了一種叫「狂笑病」的怪病，每當他緊張焦慮時，他就會無法抑制自我地狂笑不已，但其實他的內心痛苦萬分，他根本不想笑啊（身心不一致就會讓人生病）。如此莫名其妙的大笑，不只帶給他痛苦，更帶給他麻煩，許多人不解，覺得他是個瘋子，甚至有人因此攻擊他。

身心不一致的亞瑟注定要住進精神療養院（如同他母親一樣），出院後，他定期接受政府福利機構的心理輔導，直到政府刪減預算、關閉福利機構爲止。

無法自由表達眞實情緒、必須一直假裝快樂的人，注定痛苦。

電影一開始，亞瑟爲了扮小丑，努力對著鏡子「強顏歡笑」。他那努力讓自己笑起來的表情，看得教人心酸、心疼，當然也很不舒服（那一幕男主角演得眞好）。

其實亞瑟的夢想是當一名單口相聲諧星，他期待自己可以跟他的偶像——叱吒電視界的脫口秀節目主持人莫瑞·法蘭克林一樣，把歡樂散播給大家。如此，一來符合母親的期待，做一個把歡樂帶給大家的人；二來，他同時也可以被看見、得到世人的認同（討好型的人通常都很期待被認同）。他一直漠視自己的痛苦，只想帶給他人快樂，於是他的痛苦只會更痛苦。

每晚他都會與母親一起收看莫瑞的脫口秀，這算是他們悲苦生活中的一點慰藉，也是「唯一娛樂」。當然，這也是「麻痺」痛苦最好的方法。

母親潘妮是一個活在幻想中的人。她經常寫信給慈善家富翁湯瑪斯·韋恩，並每天期待能收到他的回信。母親告訴亞瑟，湯瑪斯·韋恩就是他的父親，而且「他一定會來解救我們的」。

有其母必有其子。亞瑟產生幻覺的程度不亞於母親。他幻想著：有一天，我會成爲最受歡迎的脫口秀主持人，我會上莫瑞的脫口秀節目並受到賞識，然後被莫瑞像慈父一般擁抱著（從小沒有父親的他深深渴望父愛）。

後來，亞瑟跑到湯瑪斯·韋恩的豪宅，他想去找爸爸。他不是要他的錢，而是他的愛。但湯瑪斯·韋恩卻告訴亞瑟：「你的母親確實曾在我這兒工作，但年輕時她患有妄想症，是我把她送進精神療養院的。至於你，根本不是我的兒子，你是你母親領養來的，而且小時候你還遭到她同居人嚴重的虐待……」

天啊，這個故事版本怎麼跟母親的版本完全不一樣。他迷惑了。

爲了求證，他跑到母親三十年前住的精神療養院，查看母親的病例檔案，果然，證實了湯瑪斯．韋恩的說法。他大大崩潰。原來他的人生、他的母愛，都是一場幻相。

「原來，我所有的苦痛都是這個喚我爲 Happy 的養母一手造成。」他徹底崩潰，也徹底驚醒。

「原來那個與我一生相依爲命的母親，其實是我的養母，而且她根本沒有愛過我，她只是在利用我。」驚覺自己的人生從頭到尾都是一場謊言，他崩潰了。但同時他也終於明白：爲什麼從小母親要他笑？因爲他被虐待了，母親要壓抑他的情緒，不讓眞相曝光，這是嚴重的身心虐待。**如此變態的情緒扭曲與壓抑，換來的當然就是他日後的身心症：「狂笑病」**。

當他發現自己其實只是養母的寵物、照顧她的工具時，他的「理想世界」幻滅了，他憤怒不已。最後，他殺了那個「假」母親。當我看到亞瑟悶死養母時，我知道這一段是有意義的，如同我之前書上說的：**「我們必須把自己理想中的母親給賜死，如此我們才能夠與現實中的母親做眞實的連結。」**

看見自己一生充斥著謊言，他感到荒謬不已、怒不可遏。他生氣了。當他開始「允許」

自己憤怒時，他內在同時也展現了強大的力量。他向世界宣告著：「我虛僞的人生從此告一段落，我不笑了，我再也不受母親的控制了。」

憤怒讓他如實地做回了他自己，然而他的怒火，卻一發不可收拾。

他不只殺死了母親，後來也殺死了他的偶像莫瑞（他一直投射莫瑞爲自己理想中的父親），因爲莫瑞故意播放他出醜的影片、羞辱他。同時，他也殺死了以前的同事藍道，因爲同事曾給過他一把槍，事後卻不認帳、陷他於不義。對所有背叛他的人，他決定，不、再、忍、耐。

他徹底豁出去了。**他決定忠於自己的憤怒，不再背叛自己**。

有趣的是，當他豁出去，不再當一個沉默的好人、不再扮小丑、不再強顏歡笑、不再討好別人時，他開始反擊、把內心的憤怒爆發出來，如此的他卻意外地成了人民反抗強權的英雄。很諷刺吧，**就在他眞誠做自己的此刻，他終於「被看見了」**。

或許有人會質疑這部電影會不會太鼓勵暴力、犯罪了？

就如同電影導演菲利普斯接受訪問時所說的：「**這部電影講的是缺愛、童年創傷和遺失同情心的世界**，我認爲人們是能夠理解這個訊息的。」

我十分同意。**其實「缺乏愛」本身才是暴力的根源**，這才是這部電影最想告訴我們的事。

14 創傷經驗何以會被遺忘？因為它太痛了

經歷暴力創傷時，
有些人會選擇「遺忘」，
那是一種潛意識的防衛機轉。

有人說，《小丑》好看是好看啦，但劇情不太合理。如果亞瑟小時候眞被虐待了，他自己怎麼可能會不知道，還需要透過母親的病例資料來證實。

這是有可能的。因爲人在經歷暴力創傷時，神經系統會進入「戰或逃」或是「關閉／凍結」狀態，這是身體非常重要的生存機制。於是有人會因此「解離」，將創傷記憶自動消失。所以**選擇遺忘不是故意的，那是一種潛意識的防衛機轉**。

爲什麼要選擇遺忘？因爲那個經驗太痛了，痛到他承擔不起，所以潛意識會自動「關掉」記憶，讓自己不要太痛。

逃避痛苦是人的本能。許多從小被家暴得很慘的人，幾乎不太願意談過去的受虐往事，他們不是「刻意」忽略，就是選擇遺忘。選擇遺忘是因爲，被虐待帶來的極度羞愧感。

被家暴、被性侵的孩子，除了身體的傷，更嚴重的是心理創傷，它會帶來極度的**「羞愧感」**，這是一種**「毒性羞恥」**。受虐者會產生扭曲的自我認同：「我被打一定是我不好」「我是很糟糕的人」，「毒性羞恥」會扭曲一個人的身心，帶來極大的痛苦，所以他們當然要選擇「遺忘」。

選擇遺忘還有另一個好處：「如果沒有發生受虐，那我和我的人生就正常、完美了。」為了讓自己可以跟別人一樣當一個「正常」的人，許多受虐者都會「幻想」自己擁有幸福美滿的家庭，他們會自我催眠：「其實父母對我很好」「他們打我一定是因為他們很愛我」，對於父母加諸在自己身上的痛苦與虐待，他們會盡可能「合理化」，或當做沒發生過。**否認**、**幻想**、**自我欺騙**，**這些統統都是一種防衛機轉**。就像《小丑》裡的亞瑟一樣。

幾乎所有的施暴者都不會承認自己的行為是在施暴，他們會用冠冕堂皇的理由為他們的暴行「脫罪」：「我在管教孩子」「我打你是為你好」「棒打出孝子」。這些語言會成為他們施暴的「遮羞布」。

被暴力對待的孩子為了滿足大人的謊言，當然也為了能夠生存下去，自然會隱藏痛苦、讓自己「失憶」，這是不得已、也是最好的求生策略。

我有些個案就是如此。

一位患有憂鬱症、暴食症的婦女，她是長女，從小生長在重男輕女的家庭裡。她告訴我，她只知道自己小時候很不快樂、母親「好像」有虐待她，但自己是怎麼被虐待的，卻記不起來了。

她記得小的時候她就得背妹妹、照顧妹妹。因爲媽媽每天都要出門工作，她必須在家承擔起照顧妹妹的責任。她只記得：爲了照顧妹妹，她不能出去玩、不能跑跳（因爲背著妹妹），所以她幾乎沒有童年。但後來她才知道，她背妹妹的時候還不滿四歲，小小年紀的她就要當起妹妹的「小媽媽」。

不只如此，長大後妹妹還告訴她：「有記憶以來，我感覺妳一直很忙、永遠都在做家事，打掃、煮飯、洗衣服幾乎都是妳在做，感覺妳比較像我們的媽媽。」個案聽了很訝異，因爲這些事她竟然統統忘記了。

從小她就被迫當替代母親，這是家庭序位的「錯位」。錯位會造成受虐者的身心失調，個案的暴食症就是這樣來的。因爲「缺乏愛」，所以她必須透過吃來彌補內在的匱乏感，因爲只有吃可以讓她感到「滿足」，獲得心理安慰。

另一位個案麗美小時候也是被母親虐待，但她對於如何被虐待的細節，很多都想不起來了。

去年她們三姊妹聚會（她有兩個妹妹都已結婚生子），大家閒聊起小時候，大妹說：

「有一次看到大姊被媽媽拿著藤條打，打得遍體鱗傷，就算姊姊跪地求饒，媽媽依舊不放手。我跟小妹就躲在客廳角落一直哭。」

麗美聽了大妹的敘述，很是震驚，直說：「眞的嗎？我完全不記得了。」

這就是**「創傷經驗的選擇性遺忘」**（當然也是**「解離」**）。

於是大妹繼續補充：「那天晚上媽媽打完大姊以後，就讓大姊在客廳罰跪，連晚餐都不讓大姊吃。我還偷偷藏了一顆饅頭，在大姊晚上睡覺前拿給妳吃。那時我小學二年級，我記得一清二楚。」

後來小妹也補充說：「是啊，我也記得，大姊被媽媽打的時候，我好害怕，一直哭，我跟二姊兩人抱在一起，縮在客廳角落裡。」

你忘記了，但你的身體不會忘記。受虐的麗美長期以來身體一直都有不明疼痛的困擾，像是頭痛、腰痛、異位性皮膚炎等，我猜這可能跟她的受虐經驗有關，就像我另一位個案小時候經常被父母賞巴掌，長大以後一直都有習慣性頭痛。

除非我們願意**「認回」**這段受苦經驗，並**「允許」**自己把當年受虐的情緒釋放出來，否則這個創傷會一直「困」住我們，不是讓我們莫名其妙的焦慮、心情鬱悶，不然就是身體出現不明疼痛。唉，人要好好活著，還眞不容易啊。

15 釋放情緒，打通「情緒結」

身體是情緒的載體，
它隱藏了許多過去的創傷、沒有走過的情緒，
累積久了，卡住的能量就形成「情緒結」。

小春從小就是一個受虐兒。父親脾氣暴躁，隨時會動手打人，而且是不需要理由的，只要父親心情不好，隨時一拳就揍過來，全家大小都懼怕父親，從小父親就是家裡的大魔王。

小春的哥哥在高中時就罹患精神分裂症（思覺失調症）住院了，小春則在大學時患有憂鬱症，無法正常上課。當小春訴說著小時候被父親家暴的情景時，眼神裡依然閃爍著恐懼的淚水，身體還會微微顫抖。

小時候經常被父親莫名其妙賞巴掌的小春身心嚴重受創，從小就經常頭痛，到現在依然如此，吃什麼藥都無效。

後來她來諮商，說了故事、認回童年的受虐經驗，透過幾次BEST的情緒釋放，並運用手療法「撫慰」小時候經常被父親打巴掌的臉部、頭部，幾個月之後，她的頭痛就漸

漸舒緩了。

大雄的母親是一個控制狂，從小對他嚴加管教，他所有的行爲都要符合母親的要求與規定，講話不能大聲、不能頂嘴、不能生氣、不能哭鬧、不能耍脾氣，他所有的情緒都被禁止。

大雄從小經常莫名其妙地胸悶、噁心，國中開始就有氣喘，情況反反覆覆，去醫院檢查都找不出原因。

直到他來晤談，說了故事，他才意識到原來當年母親的管教方式是有問題的。晤談中，他看見了自己是如何被母親的毒性教養所影響，殘害了身心健康，我運用BEST幫他釋放內在羞恥感及壓抑的情緒，漸漸地，胸悶有改善，他終於可以順暢呼吸了。

在一次晤談中，我邀請他把手放在自己的胸口上，閉上眼睛，去聆聽胸口的聲音，讓胸口說話。結果做到一半，他的手突然自動地往上移動到喉嚨部位，然後我就順勢請他去「撫慰」自己的喉嚨（支氣管），好好去聆聽喉嚨的聲音、問看看喉嚨想說什麼。

瞬間，他突然猛咳（被手觸摸後身體立即做反應），我告訴他：「用力咳、咳出來沒關係。」

當下大雄脹紅著臉、邊咳邊流淚，到最後他作嘔想吐，我趕緊讓他去廁所裡吐。我在廁所門外對他說：「能吐出來是好的，不要怕。吐出來、吐乾淨就沒事了。」

吐完以後，大雄回到座位，身體鬆垮下來，但神情顯得放鬆許多，氣色也變紅潤了。

我請他閉上眼睛，安靜下來，去感覺自己當下的身體。

他感覺到自己的胸口突然鬆了，胸悶、壓迫感都不見了。

做完這次「釋放」以後，下次大雄再來時，我發現他不「卡」了。

記得他第一次來找我的時候，不太敢表達情緒，甚至連自己小時候被母親嚴厲管教懲罰的事都不敢說，但現在，他已經可以侃侃而談了，他的情緒表達越來越順暢。

後來他又做了好幾次BEST療癒，我持續讓他釋放過往壓抑的情緒，幾個月之後，他說他的氣喘好了，再也沒發作過。

為什麼會這麼神奇呢？其實一點都不神奇。原理很簡單：只要把壓抑在身體內、潛意識裡的創傷情緒做釋放，打開「情緒結」，讓身體能量不再「阻塞」，人的病痛自然就會好，如此而已。

身體是「潛意識」的記憶庫。童年的創傷及被壓抑的情緒統統會進入潛意識裡，每當午夜夢迴時，這些創傷就會悄然出現（透過做惡夢）。

身體是「情緒」的載體，它隱藏了許多過去的創傷、沒有走過的情緒。情緒沒有「過去」，就會一直累積在身體裡，卡住我們，形成一個「結」，我稱之爲「情緒結」（Emotion knot），情緒結會阻礙身體能量的暢通，按照中醫的說法是「**鬱結或氣結**」。

根據我多年的臨床經驗，過去被家暴、受虐、情感忽略、性侵等創傷經驗的情緒如果沒有處理，它不會過去，而是會埋藏在身體裡。但情緒是一種能量，它需要有一個出口，這個「出口」如果往心理方面去，就會造成憂鬱症、焦慮症等心理疾病；如果往生理方面去，就會讓我們頭痛、胸悶、胃痛，甚至得癌症、長腫瘤等。

隱藏在身體內的情緒猶如「未爆彈」，它是讓我們身心騷動不安的主要來源。這就是爲什麼很多人說「百分之八十的疾病與情緒有關」的原因。

在BEST療癒裡，主要做的就是回到情緒的根源，去清理積壓在身體內的情緒結，把「結」打開，讓累積在身體內的負面情緒被釋放，就像通便祕一樣，一旦體內的宿便清出來，人就會舒坦了。能量暢通，病就沒了，療癒的原理就是如此。

Part 4

BEST 創傷療癒法的重要概念與學員體驗回饋

告別創傷，

讓現在的你，去拯救過去的你。

在生命的受傷處，我們才能找到療癒的解藥。

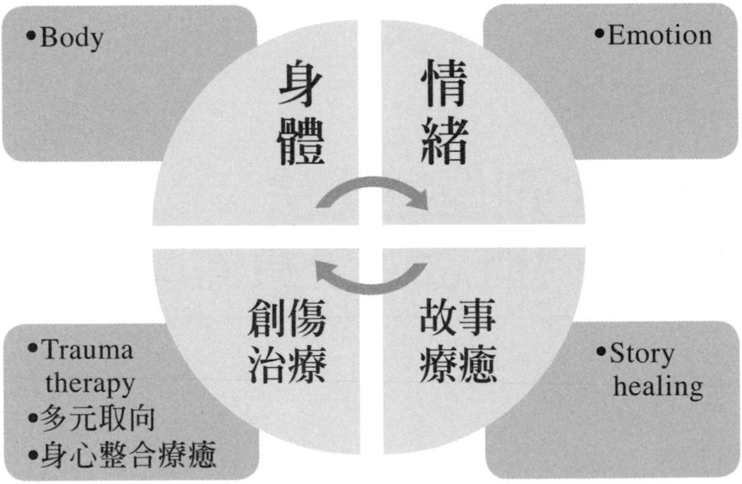

圖 4-1：BEST 創傷療癒法基本概念圖。

1 聆聽故事，其實也是聆聽情緒

情緒就直接隱身在故事中，
它是故事的靈魂、故事的血肉。

有人一直以為敘事治療偏向認知，是不走情緒的，這其實是錯誤的觀念。

「生命就是故事，故事就是生命」，情緒是生命的一部分，你怎麼可能只聽故事，不聽情緒呢？

情緒就直接隱身在故事中，它是故事的靈魂、故事的血肉。情緒（喜怒哀樂）讓人變成有血有肉的身軀，就是因為生命摻雜了情緒的「調味料」，所以人才活得多元、有趣、充滿獨特性，不是嗎？

情緒是生命的展現，有時也為生命帶來活力。

隱藏在故事裡的情緒如果沒有被看見、被接住、被理解，那麼你就無法碰觸到說故事者的靈魂，你聽的故事都只是表面而已，隔靴搔癢罷了。所以，聆聽故事其實也在聆聽裡面的「情緒」。

「有天早上醒來，我不自覺地流淚，我問自己：『我悲傷嗎？』不是，其實我知道，

那是寂寞。」一位哀傷又孤獨的女士（個案）曾經這麼跟我說。

故事裡，她辨識自己的眼淚，她看見自己的悲傷，更覺察到自己的寂寞。當她給出這個情緒語言時，我立刻懂了她，知道她怎麼了。她的生命在我面前瞬間變成立體、變成有血有肉的靈魂。這樣的生命，充滿美感，像一首詩。

閱讀一個人的生命，不只是聆聽故事，更要去聆聽情緒。**當你讀懂每一個故事背後的情緒、脈絡，你就進入他生命裡的風景，與他同遊、同在。**

聆聽故事，「貼著」當事人的生命，欣賞他生命的風景，去感受他的喜怒哀樂，見證他生命轉化的奇蹟，就如同欣賞一部好電影一樣。這就是做故事療癒的樂趣所在。

學員體驗回饋（北京）

在BEST療癒課程中，很神奇的，我長達二十多年的肩膀疼痛被療癒了！二十年來，肩膀疼痛的問題一直困擾著我，看了多次醫生也沒辦法，有時甚至在想還不如砍掉算了。

我原先只單純覺得是身體的問題，以為可能伏案太久、姿勢不正確，但在周老師的課堂上，我才發現到，原來這疼痛源自內心層面，與我的情緒有關。

當我處理了過去的創傷經驗，讓身心重新產生連結，當情緒流動以後，療癒就在不知不覺中產生了。

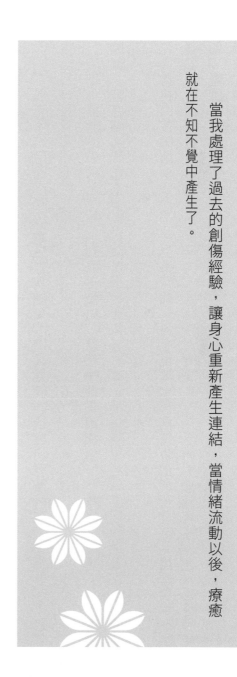

2 在哪裡受傷，就在哪裡得到療癒

回到創傷時的案發現場，
讓當時的創傷經驗「重現」，
讓過去受傷的情緒與自己重新被看見、被理解，
這就是ＢＥＳＴ創傷療癒法所要做的事。

情緒過不去，理性出不來。

如果受傷的靈魂沒有被看見、被聽見，如果受傷的情緒沒有被清理、被釋放，不管你後面做再多認知理性的教導，一切都是枉然。

創傷療癒的眞諦就是：「**在哪裡受傷，就在哪裡得到療癒**。」換言之就是：「**在哪裡跌倒，就在哪裡爬起來**。」這就是爲什麼做ＢＥＳＴ很強調說故事、回到過去創傷點的原因。

當我們帶領創傷倖存者回到當時的「案發現場」（創傷時刻），重新「**還原現場**」，讓當時的創傷經驗與情緒「**重現**」，讓倖存者把當時內心沒有表達出來的話語、情緒，**重新「現聲」**，如此他就有機會去**改寫**當年的創傷故事。

透過這個療癒過程，我們讓倖存者由創傷「受害者」轉化爲自我「拯救者」。

我經常以電影《回到未來》做比喻。這樣的現身，彷彿就像你坐著時光機回到當年受到創傷的時空裡（案發現場），去把當年受傷的自己給拯救回來一樣。

拯救自己的方式，就是讓過去那個「受傷的自己」好好去表達當年被壓抑、沒有表達出來的情緒，讓過去沒說出來的話，可以充分被聽見、被理解、被接納。

這個療癒過程也是在幫過去那個受傷的自己「收驚」，收驚很重要，因爲所有的創傷都會帶來巨大的驚嚇。

當過去因爲暴力創傷受到驚嚇的自己可以被看見、被心疼、被撫慰時，療癒自然就會產生。

學員體驗回饋

BEST 讓我理解到，身體的疼痛原來跟小時候被壓抑的情緒有關。

當我把手放在身體疼痛的位置，去好好「聆聽」它時，我竟然「看見」（腦海裡出現畫面）童年被虐待的自己。我看見小時候被父母鞭打、受委屈、痛苦、失望、渴望被愛的自己。

當下我運用BEST撫摸著童年受傷的部位，心裡默唸「零極限」的四句話（我愛你、謝謝你、對不起、請原諒我）去做清理，並想像自己當下溫柔地擁抱當年受傷的自己。很神奇，不久後我身體的疼痛感就減輕了。

3 BEST是一個整合身體、情緒、故事的多元取向身心療癒法

身心療癒就是身體與情緒的整合，好好說故事，釋放情緒，把當年沒走完的情緒走完，除非情緒過去了，否則你的身體難以安穩。

什麼是BEST創傷療癒法？

簡單的說，BEST創傷療癒法就是回到過去的「案發現場」「關鍵時刻」，重新讓過去的自己「現身」，讓當時沒有走完的情緒「現聲」，讓壓抑在體內的情緒產生流動，讓當年受傷的自己被看見、被聽見，並且好好擁抱那個受傷的內在小孩。這個拯救過去受創的自己的「行動」，就是BEST創傷療癒法的歷程。

爲什麼會叫BEST？

因爲**它是整合了身體**（Body）、**情緒**（Emotion）、**故事療癒**（Story healing）**三個基本元素的創傷治療法**（Trauma therapy）。

在做BEST療癒時，我通常會從「身體」開始切入，去覺察情緒、辨識情緒，然後

讓過去的創傷故事出來，重回到創傷的原始點，讓當事人再次經驗它，讓當年沒走完的情緒好好走完。

BEST不是全新的東西，它是一個「整合性」的創傷治療法。它結合了敘事治療的概念（敘事問話、故事療癒），加上AEDP（加速體驗式動態心理治療）、身體工作、完形治療、心理劇、正念（Mindfulness）等，所以它也是一個多元取向的創傷治療法。

在我現場做BEST療癒時，我不會固著於某個步驟或照表操課，我通常是憑直覺，將過去所學的東西靈活運用，所以它是一個動態性、體驗式、情境式、整合性的創傷治療法。

圖 4-2：BEST 創傷療癒法是一種整合性的身心治療法。

學員體驗回饋

童年被我壓抑的情緒，在課堂裡透過ＢＥＳＴ的操作，終於被我看見了。當年被父母言語暴力、情緒暴力、忽略、遺棄，想不到會這麼痛。說起當年，我依舊淚流不止，哭得好傷心，感謝周老師沒有阻止我，讓我盡情地哭、盡情地釋放情緒。

做完情緒釋放以後，我感到好疲憊，身體虛脫，但同時我的身體變得輕盈、順暢，心裡那塊石頭突然不見了。

長久以來壓抑在我內心的情緒，經常讓我感到胸悶、頭痛，做完ＢＥＳＴ療癒後，胸悶明顯不見了，現在我終於可以自由呼吸了。

4 說故事，承認自己受傷，重新把自己愛回來

許多人童年「愛的奶水」都是不足的，
於是長大以後一直感到匱乏、孤單、荒涼。
此生我們唯一的任務就是：
重新把自己「撫育」回來，
讓自己知道「我是值得被愛的」。

運用BEST做童年創傷療癒，其中一個重點就是「說故事」。說童年的故事，讓自己回到童年受到驚嚇的創傷事件裡，處理當年遭受暴力的經驗，並把當時我們內心的憤怒、恐懼、悲傷情緒充分表達出來。

當我們好好說故事，療癒就在其中。說故事是一種「轉身」，當我們轉身面對眞實的自我，就會帶出療癒，原因如下：

1. **承認：「承認」自己被虐待的事實。**承認很重要，許多人都不願承認自己童年是被

虐待的，因爲那很丟臉，或擔心這樣會背叛父母（爲了當好小孩，我們不敢批評父母，擔心自己不被喜歡）。但是當你無法承認、就無法面對；無法面對，你的療癒就無法進行，改變自然也不會產生。

2.**接受：「接受」自己的父母不完美**。抗拒，不接受，是讓我們受苦的原因。當我們打破心中的「理想父母」，打破「幻相」，開始接受天下「有」不是的父母時，你的眞實就會帶出力量、帶來療癒。因爲當你接受了，你就不用耗能去掩蓋。

3.**認清：認清童年「毒性教養」對自己的影響**。孩子的心都很脆弱，父母的不當管教會讓孩子的心很受傷。兒童身心遭受暴力，對日後的人格發展、情緒、工作及親密關係都會造成很深的影響。這個事實如果沒有被「認清」、看清楚，你就沒有辦法走出創傷。透過說故事，會讓我們慢慢去認清這些受虐事實。

4.**新理解：深刻理解自己童年被虐**、**「這不是我的錯」**。受暴、被虐待，是施行「毒性教養」父母的錯，不是你的錯。我們得把責任還給父母，停止自責、自我批判，除去心中的羞愧感，如此你才不會繼續「內耗」自己的生命。

5.**擁抱自己：請好好擁抱童年受傷的自己**。每當諮商到最後，我都會邀請個案去擁抱過去受傷的自己。用現在長大成年有力量、充滿愛的自己，去擁抱當年受創的自己，把自己愛回來，這是做「內在小孩療癒」很重要的部分。愛是最好的療癒。童年被虐的自己是匱乏的，既然過去「愛的奶水」不足，那現在我們就幫自己補充奶水，重新把自己「撫育」回來，讓自己知道「我是值得被愛的」。最後這個「撫慰」的動作很重要。

學員體驗回饋

上周老師的課之前，我已經把老師的書讀了很多遍，但親臨課堂現場說故事時，想不到帶出的情緒力道依然教我震撼不已。我本以為「那些事情」都已經過去了，想不到依然殘存在我心裡，其實沒有過去。

課程裡，我真切地感受到老師和同學的愛與慈悲的陪伴，這份愛與溫暖融化了我禁錮已久冰冷的心。尤其課堂中幫我做身體能量手療的學員，我很感激她。手療讓我童年受虐的冰冷身體感到溫暖、被照顧。當我徹底做了情緒釋放以後，我感覺身體內在「凍結」的情緒慢慢消融了，這個治療經驗真的很特別。

做完BEST以後，我的身體出現一種從來沒有過的輕鬆感。回家後，家人也發現我不一樣了，我變得比較安穩、有耐心、不再亂發脾氣，家人說他們比較喜歡現在的我（哈）。

5 創傷不會因為你離開那個情境以後就從此消失

痛苦，是靈魂想要給我們的重要訊息。當創傷事件結束後，你的復原工作其實才正要開始。

我們童年所經歷的家庭暴力、性侵、被拋棄、忽略、批判等負向經驗，都不會因爲你現在長大、離家、父母也沒再對你施暴了，就從此煙消雲散。它會一直儲存在你的身體、細胞、記憶裡，一刻都沒有消失。

反而當你長大、離開那個創傷情境以後，**此時你的痛苦才正要開始，但此時也是你療癒的開端**。因爲過去的創傷會在你現在的日常生活裡，透過各種不同的形式「反覆出現」，讓你的生活痛苦不堪。

據說美國退伍軍人自殺率逐年上升，爲什麼呢？他們不是早已從戰場當中存活下來、退役、回到自己的家，他們安全了，不是嗎？爲什麼還會想不開呢？

那是因爲當年他們在戰場時經歷許多血腥暴力事件與畫面，包括眼睜睜看著戰友死在自己眼前，這些暴力陰影都會形成嚴重的心理創傷，一直停留在他們的身心裡，成爲一輩子的惡夢。

如此就可以用來解釋：爲什麼許多人童年遭受家庭暴力或性侵，長大以後還依然悶悶不樂、活得很痛苦？

因爲當年的暴力陰影尚未消除，依然潛藏在心理與身體裡面，那個「坎」其實還沒有過去。因此暴力倖存者日後容易罹患憂鬱症、焦慮症、恐慌症等，更有人時時刻刻都有想死的念頭，我身邊的個案就是如此。

痛苦是靈魂想要給我們的重要訊息。

當創傷事件結束後，其實你的復原工作才正要開始。你準備好要去療癒自己了嗎？

學員體驗回饋

長久以來我的膝蓋一直很疼，學了BEST能量手療後，我經常把雙手搓熱，熱敷膝蓋，我想好好去感覺並「聆聽」膝蓋的疼痛，聽它想要訴說什麼。

有一次，當我在做手療時，腦海裡竟然出現一個畫面，我看見童年活得很卑微的自己，我看見小時候一直擔心被父母責罰、活在恐懼中的自己，那時的我活得好卑屈、好壓抑啊。

我甚至還看見小時候自己經常在客廳裡罰跪的畫面，當年的委屈、被羞辱的情緒，突然一股腦兒蜂擁而至，我的眼淚不禁流淌了出來。

神奇的是，幾天之後我發現膝蓋的疼痛竟然減輕許多，不再那麼痛了。

6 為什麼創傷治療需要回到身體裡去做覺察？

創傷治療的重點不是要恢復記憶，
而是要讓你的身體
可以重新感到溫暖、安全。

有時個案會跟我說：「小時候發生什麼事情我都不太記得，沒有印象耶，怎麼辦？要怎麼找回來？」

我都回說：「不用刻意找，雖然你的頭腦不記得了，但你的身體都知道、都記得。」

那爲什麼創傷者會不記得小時候被暴力虐待的事呢？

留佩萱心理師在我這本書的推薦序裡，說得很明白，如她所言：

當危險威脅發生時，我們的神經系統會進入到「戰或逃」或是「關閉／凍結」狀態，這是身體非常重要的生存機制。研究顯示，當我們進入「戰、逃、關閉／凍結」狀態時，大腦的語言區會關閉。也就是說，創傷沒有語言，我們對於創傷事件的敘述像是碎片一樣，一片一片地無法連接起來，但創傷會儲存在我們的身體裡、感官裡。

許多早年的創傷，也都是沒有語言的。嬰幼兒剛出生或前幾年，是用情緒和肢體在感受這個世界，因為語言與邏輯能力尚未發展完全。這個階段發生的創傷，像是有需求時照顧者無法回應、照顧者情緒不穩定、任何形式的暴力、情緒與身體上的疏忽等，這些創傷都沒有語言，而是儲存在你的身體裡，讓你的身體神經系統習慣處在「戰、逃、關閉／凍結」狀態，不知道如何回到「感到安全」。

這也是為什麼創傷治療必須回到身體上，因為創傷治療的重點不是要恢復記憶，而是要讓你的身體可以重新感受到安全。

沒錯，嬰幼兒是沒有語言的。因爲嬰幼兒的大腦語言功能尚在發展中，此時他們是用肢體在感受世界、探索世界的。他們是用情緒來表達自己的需要與感受（餓了就哭），情緒就是他們的語言。

這就是爲什麼長大以後，有時候我們無法用語言去敘說童年到底發生了什麼事？因爲那時候我們只有感受與情緒的記憶，那些創傷經驗是無法用語言去言說的。

當時如果照顧者無法適切地回應我們的生理與心理需求時，我們的身體會感到不舒服，我們就會哭，哭（情緒）就是我們的表達及語言。因此如果想要療癒童年創傷，就必須回到身體，**回溯到當年「身體不舒服」**的感覺是必要的。

那些你講不出來的話，你必須靠「身體的感覺」幫你發聲，讓你重新被看見、被理解。

這就是爲什麼做BEST創傷療癒時需要回到「身體」去做覺察、去聆聽身體聲音背後的用意。**重新把當年身體「不舒服」的情緒找回來，讓它「現身」、被撫慰。**如此身體才會感覺到被照顧了而感到溫暖、安全。

就如同留佩萱說的：**「創傷治療的重點不是要恢復記憶，而是要讓你的身體可以重新感受到安全。」**說得一點都不錯。

如果不記得當年發生的事，沒關係，透過BEST，我們會把當年身體受創的記憶與感受找回來，讓它重現、被我們重新經驗。

在那個當下，只要我們願意聆聽「身體的感受」，讓身體「如嬰兒般」地被撫慰、被呵護，讓身體感到溫暖、安全，療癒就產生了。

學員體驗回饋（北京）

最近半個多月，我一直很享受BEST療癒。

BEST療癒法讓我對自己身體的疼痛不再感到無助，現在當我身體感到疼痛時，我就會安靜地用自己的雙手溫柔地觸摸疼痛部位，去好好照顧它。當下我就會立刻覺察到：我身體的疼痛跟我最近的「情緒」有什麼關係？甚至跟我過去的創傷經驗有什麼關係？

BEST不但療癒了我，同時我把它用在個案晤談上，效果也出乎意料的好。它讓我的個案比較容易專注在自己的身體上，學習自我照顧。現在我對自己的心理助人工作越來越有信心了。

7 感受先於語言，情緒大於理性——回到嬰幼兒式的「情緒釋放本能」

嬰幼兒的生存狀態是：只有感受，沒有語言。回到嬰幼兒時期的「體感經驗」是創傷療癒的一大關鍵。

爲什麼做BEST需要回到身體去感覺是如此重要，我想再多說一點。

前面說過：嬰兒是不會講話、沒有語言的。因爲他們大腦語言功能尚未發展完成，不管是語言能力、思考能力或理解能力都還在萌芽中，此時他們賴以爲生的能力就是「感受」能力，這也是人天生的本能。此刻嬰幼兒表達感受的方式就是透過「情緒」，情緒就是嬰幼兒的語言。

嬰兒不開心時就會哭，他不會在大腦裡判斷說：「這時媽媽在忙，我得忍耐一下。」不會。嬰兒的本質是：**「感受先於大腦，身體先於理解，情緒大於理性」**的生存狀態。

此時，**嬰兒是利用「身體」來接收情緒、表達情緒、釋放情緒的，身體就是他們的接受器、傳導器。**

因此，當你理解了嬰幼兒的生存狀態是：**只有感受，沒有語言，缺乏理性**時，如此你就會明白：「爲什麼有時候我會感到悶悶不樂、想哭、悲傷或憤怒，但我就是講不出來爲什麼，搞不清楚原因？」那是因爲，當下你可能已經回到了「**最初的嬰幼兒情緒狀態**」，那是語言無法表達的，只有感受。

課堂裡，有時我在幫學員做靜心冥想時，有些人也會瞬間回到「嬰幼兒期的情緒狀態」，他們會突然流淚、哭泣、顫抖、噁心、想吐等。如果你童年曾經歷過家暴、虐待或情感忽略，在冥想或說故事的當下，你會把當年悲傷、難過、憤怒、沮喪等情緒給帶出來。**此刻透過「身體」的反應，「重現」當年的情緒，把過去的創傷帶回來，這是 BEST 的療癒關鍵**。

我發現人在靜心、放鬆的時刻，會比較容易進入當年嬰幼兒的原始身心狀態，這也是爲什麼我做 BEST 需要先靜心的原因。

當學員身體開始有反應時，我會邀請他當下去感覺自己的身體，重新去「經驗」嬰幼兒時期的身心狀態，這時候「**感覺就好**」，不用分析、不用評斷。因爲此時身體的感覺是無法用言語表達的，不管是悶悶的、不舒服、噁心、難過等，統統沒關係，感覺就好。就像當年嬰幼兒的你一樣，你講不出來，但你有感覺的。

回到嬰幼兒時期的「體感經驗」是創傷療癒的一大關鍵。這是我近年諮商實務裡的最大發現。

現在當個案跟我說「不知道為什麼，我現在就是很難過、很想哭」時，我都會跟他們說：「沒關係，當下單純地去感覺那個難過、與難過的感覺同在，好好地哭是可以的。」**情緒是沒道理的，那是身體潛意識的反應，也是一種身體記憶與情緒的「再現」**。

突然冒出來的情緒，就猶如我們腦海裡有時會突然浮現一段旋律，那可能是我們過去曾經聽過的一首歌，你沒有思考，但它卻會在某個時刻「咚」地冒出來。情緒也是如此。

有時候我們的身體會浮現出一種感覺，你說不出來這個感覺從何而來，你找不到記憶的痕跡，但當下你就是感覺心酸酸的、淡淡的悲傷、難過、鬱悶、想哭、憤怒，**這種說不出來的感覺，很有可能就是來自於嬰幼兒時期的創傷記憶**。

想要療癒童年創傷，有時必須把當年（嬰幼兒時期）的語言找回來，而嬰幼兒時期的語言，就是「**感受**、**情緒及身體**」。

找回當年的情緒感受，如此才能療癒童年創傷，這就是為什麼做 BEST 療癒要回到身體去感受的原因。

有一回，一位焦慮症個案跟我說：「現在我終於知道了，當我焦慮症發作時，當下我就允許自己好好地哭、痛快地哭就好了。當我哭完以後，我的焦慮就過去了。」她說得沒錯。

哭泣是嬰兒的本能，也是人類天生釋放情緒的本能。

當嬰兒哭泣時，他不只是在「表達情緒」，同時也在「處理情緒、釋放情緒」。不用太害怕嬰兒哭，哭是健康的。所以父母不要急著說「不要哭、不要哭。」你可以抱著他說：「你怎麼了？哪裡不舒服嗎？馬麻給你秀秀（疼惜）。」這樣的語言其實是最好的回應。

現代人最大的麻煩反而是「哭不出來」，那是因爲我們的情緒早就被「切斷」了（這叫「**情緒凍結**」）。因爲小時候大人不允許我們哭，我們一天到晚被恐嚇：「不准哭。」**如果可以回到嬰幼兒式的「情緒釋放本能」，好好哭一場，我們就可以把累積在體內的負能量給釋放出來**。哭完之後，你的身體會感到輕鬆無比。這種「嬰幼兒式的情緒表達」方式，在治療上還滿管用的。

允許自己哭、讓情緒好好宣洩，不只會讓身體感到無比輕鬆，此時你原本的內在空虛、身體的荒涼感也會瞬間消失或減輕。

心理治療的目的其實很簡單，它在幫助我們安頓身心，讓身體不再感到孤單、荒涼罷了。溫暖、安全、被愛，這不就是所有嬰幼兒的渴望嗎？

學員體驗回饋

在BEST課程裡，我感覺到自己的身體一直在做「反應」，我有一種想哭的衝動。

在老師的引導下，他讓我潛入自己的身體與潛意識裡，去覺察隱藏在體內壓抑許久的情緒，過去那些我不想看、不想碰的情緒，當下一一浮現。

當中有恐懼、憤怒、悲傷、委屈，後來當我把這些情緒釋放出來以後，我的身體有一種被掏空的感覺，頓時呈現一種「空」的無力狀態。這種感覺很難形容。

上完課後的那幾天，我變得很不像以前的自己，我想安靜、不想說話、情緒低落，有時甚至會突然暴怒，但有時，我也會有一種莫名的輕鬆平靜感。

過了幾週後，有一天走在路上，我第一次感覺到自己的呼吸，感覺到周遭花草樹木的美好，感覺天空很藍、很美麗。更開心的是：我的味覺回來了，現在即使只是吃很簡單的食物，我都可以感覺到它的美味。

我突然有一種「我在」的存在感，那種連走路都感到踏踏實實的感覺是前所未有的。很高興我的靈魂回到我的身體了。

8 創傷復原是一段自我陪伴的歷程

將「不完美的人生」，
變成「完整的生命」，
那麼此生你就沒有白活了。

心理創傷復原需要一個歷程，不是一蹴可幾的，它像做復健一樣，需要一段時間、需要有耐心。**因爲生命是一種「緩抵達」**。

會這樣說是因爲創傷倖存者長年遭受身心折磨，痛苦不堪，每個人都希望自己趕快好起來，恢復「正常」，這是人之常情，但沒辦法，有時心理創傷就是無法「速戰速決」，反而你越急、它越好不了，這就是生命的弔詭。你越想改變、就越無法改變。

創傷復原就像是釀酒一樣，需要一段時間的醞釀與發酵，才會產生美酒。它不是從A到B的直線進行，有時迂迴、有時「前進一步、又後退兩步」，過程中不斷來來回回。

如果可以，請不要把重點放在「我何時會好？我要趕快好」上，而是放在「此時此刻」，接納「我就是這樣」，好好去陪伴受傷的自己。這樣就好。

創傷復原其實也是一個自我陪伴的歷程。

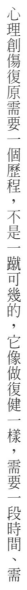

當中，我們練習帶著愛與慈悲去陪伴過去那個「受傷的自己」，這樣的陪伴會讓過去的你感覺**「我沒有被放棄」**，這樣的陪伴也會讓受傷的你感受到**「我的存在是有價值的」**。日後，當你回頭看這段日子時，你會很感激自己不曾放棄自己。這段日子雖然辛苦，卻會變成你生命中最美好的記憶。

每當聽完案主被家暴或受虐的故事以後，我都會溫柔地對他們說：「辛苦了，感謝你把自己帶來，感謝你沒有放棄自己，我很感動你的不放棄。」這是我的肺腑之言。

讓案主看見自己擁有「不放棄」的力量很重要，這是療癒裡的重要資源。

當然我也明白人都希望趕快脫離痛苦、恢復「正常」，所以我還是會眞誠地提醒案主：「創傷療癒可能需要一段時間，不見得都會快速、順風順水，過程會反反覆覆、來來回回的。不過沒關係，只要你願意，我願意陪你一起走在這條自我療癒之路。」

療癒眞的無法速成，我不想騙個案，連我自己也是這樣走過來的。

在創傷療癒的路上，我能給個案的最大幫助就是「陪伴」，站在他們這一邊、支持他們。其實心理師某種程度也像復健師，在一旁爲他們受挫的生命打氣，鼓舞他們在艱辛的人生裡走下去，其實我們算是一種**「心理復健師」**。

療癒之路雖然艱辛、甚至漫長，卻值得我們用一生的洪荒之力好好把它走完。記住，**你受過傷，但你不需要再痛**，你值得過更好的生活。

當你可以將自己「不完美的人生」，變成「完整的生命」時，那麼此生你就沒白活了。

學員體驗回饋

BEST打破了我一直以來的「頭腦學習」，讓我放掉頭腦、進入身體、跟自己的身體與情緒產生連結，讓我深入內在、直通靈魂。

它的後勁好強。做完BEST療癒，下課後我依然感到昏眩不已，若有所失，但我不擔心，我知道自己身上有一層堅硬的外殼正被打破中。

BEST幫助我回到內在、面對真實的自我，並清理過去的傷口，我相信只要我不再逃避創傷，破繭而出的時刻是指日可待的。

9 創傷復原是一個從感受到接受的歷程

光靠頭腦的認知理解，是無法徹底療癒創傷的。感受是一把鑰匙，透過它，你才能夠覺察自我，進入你的傷口，去為自己好好療傷。

很多人都會問我：「我上了許多心理課程，學了很多治療理論，但爲什麼日子依舊難過，內心依然混亂？」

好，原因之一就是你只是在用「頭腦」學習。用頭腦去理解自己的創傷，雖然你擁有很多「知識」，但不好意思，知識不等於療癒。知識只是療癒的「開始」而已。

一個人明白自己爲什麼痛（受傷），並不代表他就可以除去那個痛。

想要療癒創傷，光靠頭腦的理性分析眞的幫助有限，因爲創傷的本質是心靈受傷，創傷底層是滿滿的情緒，情緒是巨大的能量，尤其是悲傷、憤怒、恐懼，如果這些能量沒有被釋放，你的創傷當然就無解，這是一定的道理。

所以，抱歉，創傷療癒沒有捷徑。**情緒問題，還是必須回到情緒上去做釋放**、**去解決，光靠頭腦的認知理解，是無法徹底療癒的**。就像很多事的道理你都知道，但你就是做不到，不是嗎？

創傷的本質是心理的、情緒的、感受的，它不是理性邏輯的運作。留佩萱在她的書《療癒，從感受情緒開始》裡說：**「如果你想走出傷痛，唯一的方法就是去感受這些埋藏已久的情緒。」**確實如此。

只有頭腦的理解，沒有感受，你就永遠無法真正碰觸到自己的傷口。**感受是一把鑰匙，透過它，你才能夠覺察自我，進入你的傷口，去為自己好好療傷。**現在很多人都很認真，到處去上心理課程，也念了很多治療的書，但幫助卻很有限，生活依舊混亂。你有沒有想過：**你可能努力錯方向了？或許你該從頭腦的理性學習，轉向內在往「情緒、身體」去做深度接觸。**

有時，生命的痛是無法用言語去表達、用頭腦去理解的，你必須「感受」它，再次「經驗」它。**「不入虎穴，焉得虎子」，感覺痛，才能讓你不再痛。**

確實，創傷療癒有時就像挖膿瘡一樣，會帶出過去的情緒，會讓你痛。但痛，未必是一件壞事。痛，表示你還活著，表示你有感覺。找回感覺，你就找回了自己。

痛，會讓我們哭泣，請不要害怕哭泣，**眼淚是療癒創傷的良藥。**你看嬰兒最會哭了，哭泣是嬰幼兒釋放情緒的本能，有時我們得找回這個「本能」，這對創傷復原很有幫助。

哭不出來，無感，人活著就只是一個軀殼。有靈魂的人，必定有感受，他會知道自己正在痛。**痛，讓我們感知到自己的存在。**

好好感受自己，去接納過去的創傷與情緒（憤怒、悲傷、恐懼），也就接納了「過去那個受傷的自己」，這就是療癒。

所有的創傷復原，其實就是一個從「感受」到「接受」的歷程。有了接納，才有治療。接納，讓你不完美的生命變得完整。

邁向復原之路，我們得學習**「勇敢去感受自己的感受」**。多一點感受，少一點分析，少一點頭腦，接納情緒，並與自己的情緒同在。

當你接納自己「這就是我，我就是這樣」「我很難過、悲傷、生氣」，當我們願意接納脆弱、展現脆弱時，當下我們就擁有了內在的力量，並找回了本真的自己。

學員體驗回饋（北京）

我是一名心理諮詢師（就是台灣的「心理師」），BEST療癒讓我學會覺察身體，並與自己的身體產生連結。過去的我其實很不會觀照自己，我對身體一直感到很陌生、很疏離。

多年來我一直都有頭痛、背痛、脊椎痛的問題，晚上經常睡不好、失眠，看了許多醫生也不見效。透過BEST我才發現，原來我身體的疼痛跟情緒有關，尤其是跟我童年的創傷經驗有關連。「情緒過不去，身體好不了」，簡直說到我的點上了。以前我一直逃避面對童年的家庭創傷，我常自我催眠說：「那都過去了，我現在過得很好啊！」但其實沒有，身體是不會騙人的。

通過BEST，我接納自己，也療癒了自己。現在我也將它運用在來訪者身上，效果令我滿意，我很感謝BEST讓我願意誠實面對自己，並釋放我的情緒。

10 逃避痛苦，否認創傷，才是真正讓你痛苦的原因

痛苦是生命的一部分，更是療癒的一部分。
當你接受痛苦，你就接受了自己。
當你與痛苦同在，你就與自己同在。

電影《以你的名字呼喚我》裡面有一句話我很喜歡：**「我不喜歡痛，但我羨慕你還會痛。」**這是電影裡溫暖的父親對兒子所說的話。父親很心疼正飽受失戀痛苦的兒子，雖然不捨，但爸爸知道，這個痛是他生命成長中必經的歷程與養分。因此父親不勸慰、不阻止，反而鼓勵孩子好好去「經驗」那個痛。

每個人都想離苦得樂，這是人性，但你越是想要「離苦」，你就越不可能「得樂」。苦樂總是相伴而來，而且只有樂、沒有苦的人生也未必精采。

人的感受是全面的、整體的，當你逃避痛苦，同時也會麻痺喜悅，失去快樂。

想要消除痛苦的唯一方法，就是「進入」痛苦，去感覺那種痛，不壓抑、不否認、不排斥、不抗拒。

當你接受痛苦，你就接受了自己。當你與痛苦同在，你就與自己同在。

早期的童年創傷很痛，我知道，因爲太痛了，所以我們才會自動「關閉」感覺（那是一種防衛機制），但你以爲不要去感覺，就不會痛了，其實這會讓我們變得麻木不仁，麻痺自我。當你無法感覺痛、你也無法感覺快樂，無感會讓你活得像行屍走肉，結果會令你更痛苦。

人無法靠著理性說服自己說：「那都已經過去了。」或安慰自己：「其實我已經不錯了，至少我還有爸爸媽媽，雖然他們會打我。」這些頭腦的聲音都是一種「逃避」，其實你都在騙自己。

當我們逃避面對受傷的事實，身上的傷將永無止境地跟隨著我們。當我們逃避感受，就碰觸不到自己身上的傷，於是就無法療癒自己的痛。

要讓自己不痛的最好方法，就是好好地重新經驗那個痛。好好痛一次，不然你就痛苦一輩子，看你要選擇哪一個。

請不要害怕痛，**痛苦是生命的一部分，更是療癒的一部分**。

請找到一個可以陪伴你、理解你的痛的人（我稱之爲「療癒天使」或「啦啦隊」）。那個陪伴你的人無法幫你痛，但他可以在你痛的時候支持你，溫馨的陪伴與支持會帶給你力量，這會讓你的痛變得可以忍受，對你的療傷很有幫助。

學員體驗回饋

上了周老師兩期的ＢＥＳＴ私塾班，讓我對自己身體的感知力變得很敏銳，我開始有能力跟自己的身體對話，聆聽它需要什麼。

也因為對身體的關注，最近我覺知到自己體內的疼痛，於是找了一位信任的醫生做身體檢查，才發現自己的乳腺有一塊很大的隱藏結塊，還有子宮黏連問題。

醫生很快地幫我做了處理治療，他跟我說：「妳很幸運，妳身體的黏連和瘀結的下一步，可能就是癌症了。妳與癌症只有一步之遙。」

當下我聽了很是震驚，心有餘悸。我很感恩醫生幫我清理瘀結，但我更感謝ＢＥＳＴ讓我學會覺知自己的身體，我才有重生的機會。

11 回到過去的創傷點，把受傷的自己療癒回來

所有當下的發生，
都是療癒最好的線索。
做BEST療癒永遠都在回應當下。

有些案主在靜心冥想或開始要說話時，就會不自覺地流淚，也有人說故事說到一半時會突然恍神、表情大變，或身體某部位感到疼痛（如胃痛），此時此刻，**當案主身體有反應時，表示他的身體在「說話」了，他體內的「情緒」已經被喚醒了。此時，正是BEST療癒最好的切入點。**

我通常會說：「請感覺現在的眼淚。」「請感覺你現在的身體，聽聽它想要說什麼。」「專注在你的眼淚裡，去聆聽它的感覺。」或是「把手貼著你的胃，去感覺它，聽聽看它想說什麼。」

所有當下的發生，都是療癒最好的線索。做BEST療癒永遠都在回應當下。

一旦回到身體，去覺察身體內的情緒，我們就進入深層潛意識裡展開療癒了。

接著，我會繼續問：「請感覺你的身體，看看有沒有什麼畫面出現。」

只要進入身體、感受情緒，此時有些人腦中就會浮現出一些「畫面」，像是小時候被父親處罰、賞耳光的畫面；或是爸爸媽媽吵架，媽媽拿菜刀要砍爸爸的畫面；或是小時候被鄰居性侵的畫面等。

這些畫面，就是當初的「**創傷點**」（Trauma point）。做BEST療癒，找到創傷點很重要，因爲**「在哪裡受傷，就在哪裡療癒」「在哪裡跌倒，就在哪裡爬起來」**，回到創傷點去工作，才能讓創傷眞正過去，否則光靠頭腦的認知理性去理解創傷，那是徒勞無功的。**過去你受到暴力、驚嚇的「創傷記憶」，當時停留在你腦海裡的畫面，就是你的「創傷點」**。那個痛苦的畫面會儲存在我們的身體裡、記憶裡，沒有處理它，它就不會過去、不會不見。

就像志雄小學時，因爲在市場偷了一個蘋果被抓到，爸爸就把他抓起來，綁在市場的柱子上，用竹掃把狂打他。當時很多人圍觀，他彷彿被公審一樣。這個當眾被羞辱的畫面是志雄一輩子的痛，這就是他的「創傷點」。

阿哲小時候經常看到爸媽吵架，甚至打架。他的創傷經典畫面是：有一次爸媽吵得很兇，最後爸爸拿起椅子朝媽媽摔過去，那時躲在客廳角落、驚恐發抖的他，看見父親兇狠的臉，還有椅子摔向媽媽的畫面。當時他嚇死了，半夜還經常做惡夢，不斷出現同樣的畫面。

小綠小學時，有一次睡覺睡到半夜，發現有人在摸她的身體；她驚醒過來、大叫，然後那人倉皇地奪門而出。那個人的背影，是小舅舅。這個畫面小綠一輩子都忘不了。從此以後，小綠每天睡覺都要穿好幾件褲子，就算夏天再熱也一樣。

淑美小時候經常被媽媽批評、嫌棄。有一次她哭鬧，媽媽很生氣，硬要把她趕出去。媽媽去房間拿出一個袋子，故意裝了她幾件衣服，對她說：「妳給我出去，我不要妳了。」淑美當下十分驚恐，一直哭，一直說不要。媽媽不理會，繼續趕淑美出去，還邊罵：「妳不是我們家的孩子，妳給我出去。」母親硬把淑美推出門外，然後把門鎖上。淑美蹲在家門口哭泣，哭了好久。這就是淑美的創傷點。

找到創傷點以後，我們會讓當事人「停留」在那個創傷的畫面裡，如同影片被按「暫停」一樣，然後展開 BEST 創傷療癒工作。

陪伴案主一起回到「案發現場」，去把當時受到驚嚇受傷的小孩給拯救回來，這就是 BEST 療癒師的責任。

學員體驗回饋

BEST讓我理解到**「身體、情緒、故事」之間的關係是如此密切**，它為我找到一種簡潔又有效的身心療癒方式。

回去以後，我開始採用BEST療法去做個案，治療效果比以前要好很多。現在來訪者在很短的時間內就可以碰觸到自己的情緒，接著我也會引導他們做情緒釋放；一旦體內壓抑的情緒被釋放，我發現個案真的不一樣了。

有一次一位個案回饋我說，上次談完後，她回去連走路都感覺到身體的輕鬆，而且她的胃不痛了。其實我還沒學到BEST的精髓，但光是做一些靜心及情緒釋放，就讓我的晤談工作變得很不一樣。現在面對來訪者，我變得更有信心了。

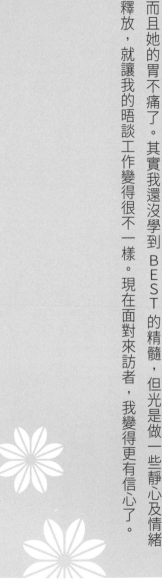

12

一隻腳踩在現在，一隻腳踏進過去
——用現在的你，去拯救過去的你

看見案主身上「有什麼」，去找到他身上的力量，
用現在「有力量」的他，
去幫助過去那個「受傷的自己」，
這是敘事最常運用的治療方式。

一旦案主回到過去的創傷點（案發現場），我們就開始透過對話展開「**創傷重建**」工作。作法是：「一隻腳踩在現在，一隻腳踏進過去。」用現在的你（一個強壯有力量的你），去拯救過去那個被欺負、受傷的你。用現在具備能量、有成功經驗的你，去拯救過去受暴、充滿負向情緒的你，這是BEST很重要的作法。

因爲，**唯一能拯救你的人，其實就是你自己**。

回到過去，才能把過去的自己拯救回來，不然那個受傷的你就會「陰魂不散」、一直巴著你不放，讓你沒好日子過（這是**陰影理論**）。

或許有人會疑惑：爲什麼不是治療師拯救個案，而是「個案自己拯救自己」？因爲在

後現代心理治療的理念裡，我們相信：每個來到我們面前的人都是有力量的，他不是無能的受害者，**每個人都是自己生命的專家**。

後現代的心理治療，目的是要讓每一個人重拾內在的力量，用自己的力量去幫助自己，如果讓個案過度依賴治療師，只會增加他的無能與無助感，這不是好的治療。

或許有人會說：「爲什麼我們要相信案主有力量可以幫助自己？你會不會太樂觀了？」不，這絕對不是樂觀。請聽我說：一個人來到你面前，要跟一個陌生人談話，說自己過往的創傷與祕密，還要碰觸內在的負向情緒，請問做這件事需不需要「勇氣」呢？當然要，而且需要很大的勇氣。這就是他的「力量」。

如果案主本身沒有勇氣、沒有力量，他是絕對不可能出現在我們面前的，請相信我。所以我才說「現在的他」是具備力量的，這是有根據的，不是亂說。

當個案帶著極大的勇氣出現在我們面前時，他的目的不就是想要療癒自己、想要讓自己過得更好嗎？

這個「想要自我療癒」的動機與行動，代表他沒有放棄自己，請問：一個人不放棄自己，願意花錢、花時間來找治療師談，如果這不是愛，這是什麼？

去看見案主身上「有什麼」，**去找到他身上的愛與力量**，接著運用案主身上現有的資源，借力使力，讓現在「有力量」的他，去幫助過去那個「受傷的自己」，這是敘事最常運用的方式，這樣做就能夠充分「empower」（**賦能**）案主，帶出強大的療癒力量，我屢試不爽。

學員體驗回饋

我經常跟我男友吵架，因為他有時會一整天沒回我的LINE，這會讓我抓狂、憤怒。後來參加周老師的課程，我才發現原來我對男友的憤怒，其實是我對我母親的憤怒。

小時候母親一直忽略我的情緒，經常把我關在房間裡寫功課，不讓我出來，甚至我連跟鄰居玩都不行。母親很少陪我，只做自己的事。不管我怎麼哭、怎麼叫，她都不理我、完全無視我的存在。

難怪長大以後，只要有人忽略我、不理我，就會引起我很大的恐慌與憤怒。

課堂裡，老師透過BEST對話，幫助我釋放小時候孤單、憤怒與委屈的情緒，我當場大哭，哭得好傷心，甚至最後還拿起抱枕一直用力搥。在充分做完情緒釋放之後，我整個人虛脫了，但呼吸突然變得好順暢，身體也變得好輕鬆。

更神奇的是，下課後我去上廁所，竟然發現：幾個月沒來的月經，終於來了。情緒釋放了，身體就暢通了，那種感覺真好。

13 靜心正念是覺知身體、進入潛意識的一把鑰匙

BEST療癒法就是要
把「無意識」的情緒反應，
轉化成「有意識」的感受。

BEST的「基本功」就是覺察，而且是那種**「深度的自我覺察」**。

或許是生命走到秋天之際，中年的自己越來越渴望簡單、安靜的生活。這些年我參加過數日的禪修，去寺廟閉關幾天，平時也有靜心打坐的習慣，做這些事不是圖什麼修行，只是單純想讓自己心安平靜而已。

後來發現這幾年的靜心練習，不只影響到我的日常生活，漸漸地也影響到我的治療工作與課程。

當我在做個案時，通常我會先邀請來訪者閉上眼睛做點靜心冥想，目的是爲了讓個案安靜下來，進入內在，也進入諮商的狀態。

早期做靜心的目的，眞的只是爲了想讓前來諮商的案主可以放鬆，不要那麼焦慮，以

便進入對談的狀態。但後來我發現，靜心冥想的效果不只如此，它不但可以讓個案很快放鬆，同時也具備催眠回溯效果。

在靜心時，有些人會突然回到過去某個創傷經驗裡，腦海裡會立刻浮現過去的創傷畫面，然後表情大變，不是流淚哭泣，就是緊縮發抖、身體某個部位開始疼痛。當下我立刻就知道，他已經「回到過去」了。

一旦身體回到過去並開始有反應，便是治療工作的好時機。同時我也發現，靜心之後個案的感官能力、覺知能力會變得敏銳許多，他們會更有感覺、更能深入自我覺察。

當我在做BEST對話時，我會邀請他們去感覺自己的身體，他們幾乎都可以「馬上有感覺」，這對我做治療工作幫助很大，也讓我的療癒工作可以更加快速、深入，這就是這幾年我做BEST治療少不了靜心的原因。先聲明，我的靜心跟宗教一點關係都沒有。

這幾年很流行「正念」。什麼是正念呢?它的英文是「Mindfulness」，翻譯成「正念」其實並不恰當，因爲這樣容易誤導大眾，以爲正念是要有「正向的意念」，或做「正向的轉念」，這其實是錯誤的。

正念的「正」，不是要你保持樂觀「正向」，更不是要你轉念，而是要你「專注當下、自我覺察」。那個「正」是「**正在當下**」的意思。

「Mindfulness」的英文本身是**「全心全意」**的意思，所以正念的意涵是：**專注當下，自我觀照，深度覺知，觀察當下自我的意念、想法、情緒、感受、身體反應、行爲反應等**。而且，觀察就好，不批判、不論斷，全然地接受：「此時此刻的我，就是這樣。」**「看見就好，如是接受」**。這是我個人對正念的看法。

我發現我做的靜心跟正念滿像的。我做的靜心是不是正念我不知道，但那不重要，我也不在乎，我只在乎我們是否能對自己的行爲、情緒、意念，保持高度的覺知，這才是重點。

有了深度的覺知，我們就不會去做「無意識」的情緒反應與投射，更不會去複製自己父母「有害、無愛的行爲模式」。**BEST療癒就是要把「無意識」的情緒反應，轉化成「有意識」的感受**，一旦情緒「意識化」以後，療癒就會產生。

其實我想說的是：**靜心正念是覺知身體、進入潛意識的一把鑰匙**。它跟宗教無關，它的目的只是幫助我們覺察。

靜心正念對我們身心平衡、生活品質有極大的幫助，它讓我們**「回到呼吸，就回到當下」**。如《正念陰瑜伽：自我療癒與轉化之道》書上說的：學習正念的目的就在提醒我們要記得時時回到當下，而回到當下的具體作法便是「呼吸」。當你吸氣的時候，看見自己正在吸氣；吐氣的時候，看見自己正在吐氣，這就是正念的基本練習。我做靜心也是如此。

當我們回到呼吸的當下，人就可以放下頭腦，放鬆身體，回到自己的內在，專注自己的身體。這也是做 BEST 的必要程序。

通常我在做 BEST 療癒時，會有以下四個基本步驟：

1. 覺知情緒、承認情緒：「我是憤怒的、我是悲傷的。」

2. 允許情緒、接納情緒：「我可以憤怒、我可以悲傷。」

3. 與情緒同在、擁抱情緒：作法是：觀想情緒、感覺情緒，或「寫一封信給憤怒的自己，跟那個自己說說話」，擁抱悲傷的自己（運用抱枕）等。

4. 徹底釋放情緒：透過對話、儀式、行動，把壓抑的情緒說出來、釋放出來。

你看，前面三個步驟（覺察、接納、同在）都與靜心正念有關。無法靜心，就無法覺察；沒有覺察，就沒有療癒，這道理不難明白。

BEST 靜心練習

在 BEST 療癒中運用靜心正念做覺察的方式如下：

1.安靜、深呼吸，練習腹式呼吸，專注呼吸，回到身體，感覺身體。

2.覺察身體當下的感覺，進而覺察身體內的「情緒」（如焦慮、恐懼、憤怒、悲傷等）。

3.停留在當下「那個感覺」裡，感覺就好，不批判，不分析，不抗拒。

4.慢慢地「進入」那個感覺，與感覺「同在」。

5.聆聽它的聲音，跟那個感覺對話，理解它的恐懼、需要、渴望。

6.當情緒被聆聽、被你接納時，它就會慢慢鬆掉、消融了。

最後想特別提醒：在靜心之後，我通常會接著讓案主做**「自由書寫」**練習，把剛剛靜心的感受寫下來，如此不但可以深化個案的覺察力，也會在當下帶給個案一種平靜深遠的療癒感。自由書寫搭配靜心冥想，是BEST療癒的最佳拍檔。

Part 5

BEST 創傷療癒諮商實作

把「無意識」的情緒反應，變成「有意識」的覺察，
深呼吸，回到呼吸，感覺呼吸、感覺你的身體。
正念覺知，是 BEST 身心療癒的第一步。

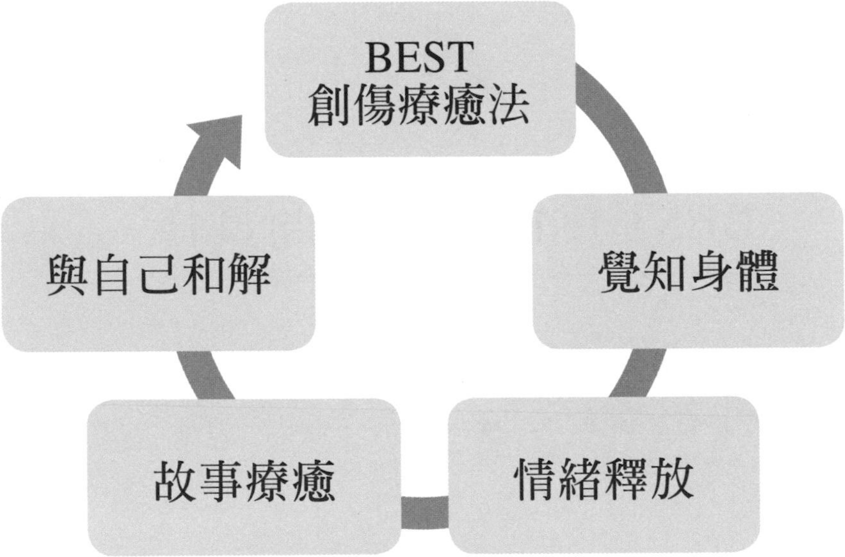

圖 5-1：BEST 創傷療癒法的 4 大元素。

1 媽媽不要打我——北京BEST課堂實記

被壓迫的童年，
注定要用健康幸福作為代價。
童年的創傷，身體知道，身體不會說謊。

當時在課堂上，我正在講解童年暴力經驗對一個人的影響，說到一半，惠萍突然舉手，忐忑地說：「我現在心臟跳得很快，有點痛。」

我看到她臉色發白，手正捂著心臟，表情有點痛苦。當我還在「感覺」她的身心狀態、判斷她是否需要就醫時，惠萍卻說：「從你剛剛一開始講童年暴力時，我的心跳就開始加速、越跳越快。」

一聽完，我就明白了。我決定開始對惠萍「工作」。

我：「好，請摸著妳的心臟，感覺它，聽聽看它想說什麼。」

此時，惠萍馬上掉下眼淚喊：「它好痛。」

我：「好，請去感覺那個痛。」

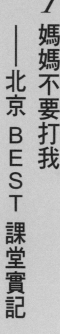

過了不久，我又說：「去感覺那個痛是從哪裡來的。」

此時惠萍突然放聲大哭：**「媽媽不要打我。」**

啊，她身體內在那個「小女孩」說話了。瞬間，她已經回到了小時候的「她」（比催眠還快）。

當下，我先讓她哭一會兒。等眼淚稍微停歇，我溫柔地問那個小女孩：「妳現在幾歲？妳在哪裡？媽媽為什麼打妳？」

惠萍說：「我在念小學，八歲。我在客廳裡寫作業。母親很嚴厲，每次我寫作業，只要字寫不好、她不滿意，就會立刻撕掉我的作業本。我寫一頁，她就撕一頁。一直撕、一直撕。有時候我寫作業寫到晚上十二點都還不能睡覺。」

哇，聽到這些話，我和所有學員都感到驚悚（這是毒性教養）。

「不只如此，只要我的學習成績達不到她的標準，她就打我。」惠萍補充。

「媽媽怎麼打妳？打哪裡？」

「打我屁股比較多。大多用手，或大尺。有時候會賞我巴掌。」說完，惠萍淚如雨下。

「不只如此，我媽還逼我學鋼琴。學的時候，我手的姿勢要很端莊，不能彎。她在我的手掌、手肘上放了饅頭，饅頭裡還扎了針，只要我姿勢不正確，手立刻就會被針扎到，好痛。」

聽了教人心疼。如果這不是虐待，什麼才是？

「我可以找一位夥伴，去照顧妳以前受傷的地方嗎？」我突然想要爲她做點**能量手療工作**（這是直覺）。我想照顧她的傷痛。

惠萍點點頭。這時我請一位女學員H出來，讓她們兩人站到前面來。

「好，請兩位閉上眼睛，深呼吸，先把自己準備好。」**手療不只是身體的接觸，更是一種內在靈魂的接觸**，所以雙方的身體必須完全放鬆，讓身心準備好，才能進入深度靈性療癒狀態。

然後我先請H去碰觸惠萍的手，說：「溫柔地摸摸她、感覺她的手，感覺那雙過去被針扎到、很痛的手。」

H溫柔地撫摸著她的手掌到手肘，來回搓揉那個**「隱形的傷口」**。

漸漸地，當H的手延伸到手肘部位時，當下惠萍的眼眶立刻就紅了，說：「這裡有點疼。」

舊時的傷口再次被碰觸時，**「過去的疼痛感」當下就立刻顯現**。眞的很神奇。你童年的傷，身體知道，身體不說謊，身心是一致的。

通過手療，會把當年身體受傷的部位再度**「喚醒」**，讓當事人再次經驗到「當時的痛苦」（不管身或心的痛），就像把膿瘡打開、給它上藥一樣，這是創傷療癒的一部分。

做完左手，再換右手。H不斷地溫柔碰觸惠萍小時候練琴時被媽媽的針扎過的傷口。**這個傷，是身體的傷，更是心裡的傷。**

感覺差不多了，我請H暫停手療，並請H把雙手甩一甩，再去廁所用清水沖洗雙手。做完手療，雙手可能沾染到對方身體的負向能量，所以要立刻做「清理」動作。這很重要，這是在保護手療師的身體能量。

「現在感覺如何？」我問惠萍。

惠萍說：「舒服多了。」

等H回來以後，我繼續請H用手去感覺惠萍的背部。

「先不要碰觸身體，隔一公分，像探測儀一樣，去感應背部就好。」我說。

H閉上眼睛，專注地用手去「感應」惠萍的背部。

「感應過程中，看看手有什麼感覺，是否接收到什麼訊息？然後根據直覺去動作就好。」我在一旁提醒H。

果然，當H的手移到惠萍的腰部、臀部時（就是小時候惠萍被打的地方），H的手就感到微微的刺痛、麻麻的，於是她的手就輕輕地貼著這些部位。

「心裡默唸零極限，做療癒、清理。」我同時提醒H及惠萍。

這一會兒，惠萍突然說：「有畫面跑出來了。」

我問：「妳看到什麼畫面？」

「小時候我媽還逼我去練舞。媽媽用手貼著我的腰練下腰，那時我根本下不去了，我媽就硬壓，當時我的腰好疼。」

此刻，H正用手輕輕撫摸她的腰，來回溫柔地移動著。

突然間，惠萍爆哭了：「我不要練了。媽媽我討厭妳。」**以前那個小女孩又說話了**。

「很好，請再說一遍，『我不要練了。媽媽我討厭妳。』」我加強這句話。

惠萍再重複一次以後，我繼續說：「很好，再大聲一點，告訴媽媽。」

「我不要再練了，我好疼，我討厭妳。」惠萍說完後，眼淚直流。

惠萍邊哭，H的手依然繼續工作。**當場我讓惠萍把小時候的悲傷與憤怒統統宣洩出來，讓童年壓抑的情緒走完，這是做BEST療癒的關鍵**。

接著，我繼續指導H：「手往下，移到臀部（小時候惠萍被媽媽打的地方）。請帶著愛與慈悲，輕輕碰觸它。」

當H把手輕輕貼著惠萍的臀部時，此刻惠萍臉上出現一種難得的平靜。

此時，我指導H：「輕輕地拍拍它。」H開始動作。

當下，惠萍突然又哭了：「媽媽我愛妳，妳不要打我。」

我：「很好，再說一遍。『**媽媽妳不要打我**。』」

「媽媽妳不要打我！」惠萍哭喊著。

「很好，再大聲一點。」我讓惠萍大聲說三遍，讓她把憤怒與恐懼喊出來。

背部、臀部的手療約莫做了三分鐘，我稍暫停，再度讓H甩甩手、去洗手間沖水洗手，做「清理」。

然後，我請惠萍再閉上眼睛，安靜，感覺現在的身體。

我：「現在身體感覺如何？」

惠萍：「變輕了。輕鬆很多，心臟也不痛了。」

我：「請打開眼睛，看看現場。如果妳可以找一個人當妳的母親，妳會想找誰？」

接著我想做「角色對話」，讓當事人回到母女關係裡去做對話，完成當年的「未竟事宜」，這是治療的第二個關鍵。

惠萍一開始找了一位現場年紀最大的女士。那位女士一上場後，我讓惠萍與她面對面，先感覺一下，再「進入」角色。

馬上，惠萍就說：「我可以換嗎？感覺後面那位更像。」惠萍指向教室最後面的一位女士。

「當然可以。」我請那位女士回去，讓坐在後面的女士上來。主角當然有權利選角。我很相信主角的「直覺」，她們總會找到最適合的人選。

當新的女士站定以後，我先讓她們深呼吸，彼此對望，進入到靈性層次，好回到「母女關係」裡做對話。

「告訴媽媽，小時候她做了什麼讓妳感到很痛苦？」我給出指導語。

惠萍清清喉嚨，緩緩說出：「媽媽，我不想學習，妳不要逼我了。」此話一出口，惠萍又哭了。

我想，這句話在小時候應該積壓在她心裡很久了吧。

「很好，請再大聲一點讓媽媽知道，『我不想學習，妳不要逼我。』」

此刻，惠萍幾乎是用怒吼的聲音說：「我不想學習，妳不要再逼我。」（我讓她連喊三次，**把身體內的憤怒「逼」出來**。）

「還有什麼話想跟媽媽說嗎？」我問。

接著，惠萍把小時候的委屈與傷害統統倒出來，對著媽媽邊說邊哭。

最後她突然冒出一句話：「媽媽妳可不可以不要對我兒子這麼兇？」

我立刻問：「妳媽現在也管教妳的兒子嗎？」我有點訝異。

「對，我們現在住在一起。我要上班，她來幫我帶孩子。有時她會罵我兒子，甚至打他。我看了好心疼、好難過。但我又不知道該怎麼辦，我就逃回房間裡哭。」

「妳很難過、不知所措，因爲妳看到小時候的自己，是嗎？」

惠萍：「對，**我看到小時候被虐待的自己。那個想逃卻逃不出去、無能爲力的自己。**」

「好，妳可以告訴媽媽嗎？小時候妳好想逃家、逃學，但逃不出去，把那種無奈的心情說出來，可以嗎？」我邀請她試試看。

「媽，我想告訴妳，不知道有多少次，我都好想逃家、逃學、逃離妳，我不要再學習了。我好痛苦。但我無處可逃。我好想死，妳知道嗎？」說到這裡，惠萍的淚水又潰堤了。

「再說一遍，讓媽媽知道：『**我好想死，妳知道嗎？**』」

惠萍喊了三遍，情緒一次比一次強烈（情緒釋放很重要）。

說完後，等惠萍的情緒恢復穩定，我又問她：「妳對媽媽有什麼期待嗎？告訴媽媽好嗎？」

「媽媽，我恨妳，但我也愛妳。我希望妳不要對我兒子兇，我希望妳能理解我的痛苦。」

惠萍說完以後，我讓前面這位「媽媽」用零極限四句話對惠萍說：「我愛妳、謝謝妳、對不起、請原諒我。」替身媽媽說完這四句話後，深深一鞠躬。此刻惠萍又哭了（我猜，惠萍等這句話等很久了）。

替身媽媽大功告成，我請她回座。接著，我讓H再度上場。

我說：「我猜，『現實的媽媽』大概擁抱不了妳，但妳內在那個小女孩是渴望擁抱的，是嗎？我可以請一位『理想中的媽媽』來擁抱妳嗎？」H剛剛撫慰過惠萍，此刻請H擔任這個「理想媽媽」再適合不過了。

是的，每一個孩子都需要母親的擁抱。此刻，惠萍最渴望也最缺乏的，大概就是媽媽的擁抱吧。

在過去的「現實」中，雖然我們得不到母親的擁抱，但在現在的「治療情境」中，我們可以幫助當事人「圓夢」，讓那個受傷的內在小孩得到愛、被擁抱，同時也被療癒。這是治療的第三個關鍵。

當H（理想母親）走過去擁抱惠萍時，惠萍的淚水如泉水般立刻湧現，滋潤了她內在乾枯已久的心靈。

當下，惠萍在理想母親的深深擁抱裡，愛在身體裡面流動，身體變溫暖了。

到此，運用BEST及能量手療的療程，算是告一段落。

當下，很多人跟著惠萍一起流淚。下課後，大家蜂擁過去擁抱惠萍。我當然知道，當她們在擁抱惠萍的同時，其實更是在擁抱自己小時候那個受傷的內在小女孩。

私塾是一個**「集體療癒」的道場**，惠萍的故事，讓每個受傷的靈魂都同時被療癒了。這就是BEST的內在小孩療癒。

療癒溫馨提醒

兩個月後，當惠萍下次再來私塾上課時，她整個人變得清爽許多。她說回去以後睡眠改善了，她睡得比以前好。不知道是不是因為睡眠改善的緣故，她最開心的是：所有遇見她的朋友都說她變漂亮了。

在此想提醒大家，雖然做 BEST 及手療對當事人的身體療癒是顯著的，像是有人原本頭痛，做完之後，頭痛就消失或減緩了，但這不代表回去就不會再頭痛。當壓力又來的時候，有些人的頭痛問題依然會「再現」。

但是有做療癒跟沒有做療癒之前還是有差別的。做完 BEST 後，回去頭疼的症狀不會像以前那麼劇烈，或是當案主再次頭痛時，如果他可以立即「覺察並回應」身體的疼痛（例如，按摩自己的頭部、做能量手療），通常疼痛的跡象也會很快得到舒緩。

想提醒大家：BEST 不是「萬靈丹」，因為創傷療癒沒有萬靈丹，所有的身心療癒都無法一蹴可幾，都需要時間的，我們要有耐心。

2 什麼是身體能量手療？

雙手是能量的傳導器，
「有意識」的「善意」接觸，
是能量手療的療癒關鍵。

在做BEST創傷療癒時，我會隨時關注當事人的「身體」能量變化。

當情緒變化時，身體就會跟著變化。例如恐懼時，身體就會緊縮，甚至顫抖。

身體不會騙人。身體會立即跟隨情緒做反應，**身體是最直接、最誠實的「情緒反應器」**。

所以要覺察情緒，就先覺察身體，這就是做BEST的「眉角」（要訣）。

身體所給的「訊息」是治療中最好的資訊。身體是情緒的指南針，也是我們最好的醫生。這就是爲什麼做BEST時我們需要一直關注身體的原因。

從事BEST療癒時，治療師很需要「**臨在**」，因爲這當中得靠許多「**靈性直覺**」及「身體感應」來工作。

身體會「感應」身體。身體本身就是一個「**能量體**」，同時也是「**感應器**」。

當你身心清澈、靈敏時，你的感應力就會很強，你對「感覺」他人或接收對方身體的「能量訊息」會很敏銳（例如，有一次我遇到一個重度憂鬱患者，當他一靠近我，我馬上就有一種沉重感）。

做ＢＥＳＴ時，有時我會引導個案用自己的手去碰觸自己不舒服的部位，這樣的「碰觸」不是隨意的摸摸，**而是帶著覺知、愛與內在能量，去療癒自我**。

有時候我也會運用我的手，去幫助案主做身體的情緒觸發與療癒，讓情緒做更有效、深層的釋放。但有時候不見得是我親自碰觸，在工作坊做個案時，我會找適當的學員做手療接觸。尤其對女性學員，一般我不會親自出手。因爲身體的接觸需要很小心，要考慮「性別及移情」問題。

身體能量手療看起來有點類似所謂的「徒手治療」「靈療」或「觸療」，但它們的性質與目的，其實完全不一樣。能量手療不是醫療。

能量手療師是透過自己的身體去感應案主，或透過雙手去照顧身體上曾經被暴力對待的創傷點。這有點像是「擁抱」的效果。人的身體其實是喜歡被擁抱的，透過善意的擁抱，讓身體感覺溫暖、感覺自己被愛，讓身體產生愛的能量流動。愛，本身就是療癒。

很多人童年時都是被父母忽略，缺乏擁抱、不被關愛，所以讓我們的身體一直感到孤單、荒涼。因爲我們沒被「看見」。

人是需要被看見、被撫慰的，如此我們活著才有「存在感」。

缺乏存在感，會讓人活著感到空虛、孤單、荒涼。透過能量手療的接觸，當下我們的「存在感」就會浮現。身體一旦被友善地接觸之後，體內的能量就慢慢流通，身體會因爲被照顧而感到舒適安穩。**當身體被照顧的當下，人的「存在感」就會油然而生**。

透過手療接觸，讓身體被撫慰、讓人產生存在感，體內能量就會開始流動，過去被「**凍結**」在身體內的情緒與創傷，就得以慢慢「**解凍**」，療癒於是就產生了。這就是身體能量手療的原理。

簡單地說，手療是透過身體能量的傳導在做身心療癒工作。這個背後其實就是「**愛的意念及愛的能量傳導**」。

當我們用雙手去感應對方身體時，必須是「**有意識的善意接觸**」。你的「**意念**」相當重要。當身體被善意碰觸時，才會感到溫暖、安全，如此身體才能夠眞正放鬆、減輕疼痛，達到療癒的效果。

請注意，手療的目的不是治療身體「**生理**」**上的傷**（如扭傷、落枕、跌打損傷等），而是在療癒身體「**心理**」**上的傷**（**如童年創傷**），所以這個療癒方式不同於一般的徒手治療，因爲它不是理性上的套路操作，更不是物理治療。

所以什麼是「身體能量手療」呢？它不是技術、不是套路、不是物理治療，而是一種直覺感應、一種能量傳導、一種靈性療癒。說白一點，它是一種**「愛的能量傳導療癒」**。

在此要提醒大家：手療絕對不是「任何人都可以做」，或「身體任何部位你都可以隨意碰觸」，不行。能量手療的身體接觸必須是嚴謹、有條件、有限制的（這一點很重要）。

手療最基本的條件是，手療師本身必須具備「正向能量」，心地「善良、純正」，還有「正念」的修爲，如此透過自身身體能量去做身心療癒工作，才會有療效。

3 童年的創傷，身體知道

創傷不是羞恥、不是業力、不是懲罰，更不是你的錯。當你不再逃避、勇敢面對創傷時，你才能轉化痛苦，讓它成為生命的禮物。

童年的創傷有時會隱藏在身體裡，讓身體感到不適與疼痛，所以當我做 BEST 治療時，都會邀請案主或學員先回到身體去做覺察。

有一天帶工作坊學員做靜心冥想時，我邀請大家去觀照自己的身體。我請大家把手心搓一搓，去照顧身體某個你特別想照顧的部位（這是基礎的手療練習）。

做完靜心手療後，我邀請大家分享剛才「觀照身體」的覺察。

安琪舉手，說她的肩頸經常緊繃疼痛。我問她，是否曾經跌倒受傷或長期姿勢不良等，我想先排除「生理」因素。安琪說都不是，她知道那是她長期的心理壓力、無法放鬆所造成的。確認了她的疼痛跟生理無關，是「心理」因素以後，我就開始與安琪展開了身體對話，做 BEST 療癒。

我：「請把手輕輕放在妳的肩頸上，去撫摸它、感覺它。」

安琪照做。過了二十秒後，我問：「如果它會說話，它想說什麼？」

安琪：「它說壓力好大，好難放鬆。」
我：「它是什麼時候開始感覺壓力大的呢？」
安琪馬上眼眶就紅了：「從小時候就開始。」
我：「爲什麼小時候壓力就很大？」
這個問題開啓了安琪的童年故事。
安琪告訴我們，小時候父母感情不好，一天到晚吵架，那時她很焦慮、很恐慌、壓力很大，很怕爸媽會離婚。
不只如此，媽媽偏心，只愛妹妹，常說：「妳是姊姊，『應該』照顧妹妹、讓妹妹。」所以只有妹妹有新衣服穿，安琪只能穿別人不要的舊衣服，而且是男裝。
更讓安琪難過的是，媽媽情緒很不穩定，經常罵人、打人，每次爸媽吵架以後，媽媽就會拿她當出氣筒。
說著故事，安琪一邊流淚。
當中我跟她做了許多對話，包括：「妳有沒有想過，媽媽偏心，媽媽是不公平的？」「媽媽動不動就罵妳、打妳，妳會不會覺得媽媽是虐待妳？」這些問題安琪從來沒想過，但這些問題很重要，每個問題都幫助安琪眞實面對自己的童年眞相。
對話後，我請女學員K出來爲安琪做「身體能量手療」。我想用這種方式去照顧、疼惜當年的小安琪。

我讓安琪放鬆，坐在地板上，閉上眼睛，好好去感覺自己、與自己的身體同在。

我同樣請K放鬆、深呼吸、搓手心，帶著覺知去「感覺」安琪的背與肩頸。

手療的最大祕訣就是：**「帶著愛與慈悲的意念」**，去碰觸身體疼痛或受傷的部位。愛是療癒最好的藥方。

K閉上眼睛，很專注地將手貼著安琪的肩膀到背部，去感覺疼痛的部位。當中，我請K及在場學員在心裡默唸零極限，幫忙做禱告清理。K很專注、用心地做著手療，慢慢地，我觀察到安琪的臉部表情不一樣了。她的臉越來越柔和。

手療結束，我問安琪：「現在身體是什麼感覺？」

安琪：「感到溫暖、放鬆。」

安琪說，當K輕輕碰觸她的背部及肩頸時，她的身體好像有一股電流（暖流）通過，感覺身體被照顧了，很溫暖、舒服，這是她從未有過的感覺。

安琪當天做完BEST療癒以後，我囑咐她：「回去以後妳可能會很累，要多喝水、多休息。」

隔天一早，當安琪進教室時，她整個人看起來神清氣爽，我問她：「昨晚睡得好嗎？」安琪微笑：「很好，睡得很舒服。」

然後，安琪在課堂上跟大家分享：昨晚她回去以後感覺很累，很早就睡了。隔天醒來，老公問她怎麼會這麼累，於是她就把昨天做BEST療癒的故事跟老公分享。

安琪說：「早上當我在床上跟我老公說昨天的事時，我的眼淚就不自覺地一直流，老公帶著溫柔的眼神、安靜地聽我說。」說到這裡，大家眼睛一亮，好羨慕安琪有個會聆聽的好老公。

不只如此，安琪還說：「我小兒子那時也在床邊，看我哭了，他很想安慰我，就去拿他小被被的被角給我，叫我摸（這是幼兒常見的自我撫慰動作）。我很感動，繼續哭，然後他又跑去拿他的小車車給我，說：『不要哭，這個給妳玩。』弄得我跟我老公啼笑皆非。」

安琪的溫馨故事，帶給大家一大早滿滿的正能量。

「這就是親密關係。」我跟大家說。當你在家人面前可以展現你的脆弱、流淚，家人可以「接住」你的情緒，安靜、聆聽，這就是最美的陪伴，同時也是親密關係的美好展現。

工作坊結束，隔天安琪在私塾的LINE群組裡分享心得，提到：

> 在昨天的課堂裡，老師有句話深深地觸動我：「妳是因為覺得爸爸很辛苦，所以妳要乖乖的，是嗎？」
>
> 這個問題一出來，我腦海裡立刻浮現爸爸的臉，以及當年爸爸辛苦的模樣。

我確實對爸爸的辛苦很不忍心，爸媽經常爭吵，於是我從小就學會獨立、要乖。在他們的衝突裡，我承擔了母親的情緒暴力，更承擔了照顧妹妹的責任。媽媽對待我跟妹妹的方式是不一樣的。媽媽說妹妹身體不好，要我照顧她，不可以跟她計較。於是妹妹經常有漂亮的衣服可以穿，我永遠都在穿別人穿過不要的衣服。

小時候我們母女三人出門，大家總是誇讚妹妹漂亮、可愛，我總是默默站在一旁，覺得自己很醜，因爲大家都沒有注意到我。爸爸偶爾聽到這樣的話時，就會說：「我們家老大最漂亮了。」爸爸的話讓我感到溫暖，或許如此，我就更加體貼爸爸工作辛苦，跟爸爸比較親，但也因爲如此，媽媽就更討厭我了。

記憶中媽媽總是對我說：「妳跟妳爸爸都是一個樣！」當媽媽說這些話時，眼神裡充滿憤怒，好像我們都在欺負她一樣。後來我才明白：原來她是把對爸爸的恨發洩在我身上，我是她的情緒出口，更是他們婚姻裡的替罪羔羊。

課堂的對話，讓我腦海裡浮現許多回憶，同時也深感委屈。

老師問我：「母親對待妳的方式，那是虐待，妳覺得這樣公平嗎？」一開始我很迷惑：「那是虐待嗎？」接著身體與心裡很多隱藏的感受慢慢浮起，我腦海裡浮現的畫面就不再只是畫面，裡面充滿許多委屈與憤怒，我經常忍不住掉眼淚。

這兩天，我的肩頸不再疼痛了，但胸口偶爾會冒出「酸酸的感覺」，我知道那是從小被忽略的感覺，那是「我不重要，我不值得被愛，我應該獨立」的委屈感。我的情緒不斷湧現，我的身體彷彿在告訴我什麼，或許那是我內在小孩的聲音，以前我從未覺察過。

這幾天，我安靜地擁抱這些情緒、聆聽身體的聲音，慢慢地我才明白：原來以前那個小小的安琪承擔了太多不屬於自己的責任，這就是爲什麼我到現在都無法放鬆、肩頸疼痛的原因。

有趣的是，小時候的我並不會覺得不公平。因爲我想，如果當時的我抱持著「這不公平」的想法，我大概很難在這個家生存吧。

從小我就被母親灌輸：「妳是姊姊，妳應該照顧妹妹。」所以讓我覺得我做這些都是應該的，我不可以抱怨。

從小我就必須照顧妹妹，這是我的責任。媽媽經常處罰我，但不會處罰妹妹。媽媽有好東西都給妹妹，永遠都沒有我的份，這些我統統覺得是「應該」的。我認命地扮演「無所不能，且不能有所求」的姊姊，我從來不知道這不公平、偏心、虐待。或許我也不想承認吧。

腦袋不承認，但身體不說謊。除了長年肩頸疼痛，我也經常感到莫名的悲傷，甚至有時會突然暴怒。有一次，兒子跟我抱怨「媽媽不公平」時，我立刻跳起來，心裡充滿了挫折與憤怒。我挫折的是：「我都做這麼多了，難道還不夠嗎？」現在知道，那是我小時候照顧妹妹的情緒被挑起來了。而我內心憤怒的聲音是：「我才覺得不公平呢！」原來我心裡老早就覺得媽媽不公平，只是不敢說出來罷了。

我同時發現：我不只是氣兒子，其實我更氣自己，因爲小時候我連跟媽媽說「妳不公平」這樣的話都說不出來。

現在我明白：在父母面前，我只是他們的孩子，我要回到孩子的「位置」上。過去父母確實辛苦，但那是他們的選擇，不是因爲我，我不是他們的負擔。

爸爸用身體勞動賺錢養家，這樣的承擔與辛苦，我很感恩，但那不是我要負的責任，他願意去承擔這些，這是他愛孩子的方式。

雖然我很捨不得媽媽對爸爸的嫌棄，更討厭他們一天到晚爭吵，但他們感情不和，那是大人的事，我只是他們的小孩，我不該承受這些情緒暴力。

感謝私塾班同學的眞誠陪伴，還有K同學幫我做手療，那雙溫柔、充滿能量的手，撫慰了我身體與心裡的傷，讓我的肩頸疼痛舒緩很多。

我一直很害怕自己跟母親一樣，會變成一個不稱職的媽媽。

昨天的課堂上，老師幫我做了辨識，並當眾「宣告」——我不等於我媽媽。現在我知道了，我確實不是她。我母親是一個不負責任的母親，但我卻總是承擔過多，我該把小時候屬於她的責任還給她。

我知道我是善良的、體貼的、負責的，這些形容詞永遠都不會是用來形容我母親的，所以我跟母親本來就「不一樣」，我根本就不用擔心。

這樣的心得書寫很重要，因爲**「故事是需要反覆敘說的」**。

把療癒經驗化爲文字，讓我們再次「看見自己」，有助於重新「複習」療癒歷程。透過書寫，會幫助我們帶出更深刻的看見與理解，如此有助於「放大」自己的療癒，帶出深刻的體悟。

療癒溫馨提醒

療癒童年創傷是需要時間的。做BEST療癒後，雖然「身體」的疼痛可以得到舒緩，但是「心理」的傷其實沒那麼快就迅速消除。

安琪的故事讓我們看見：人一旦面對真相，承認自己小時候被虐待的事實，雖然身體的疼痛很快就能得到舒緩，但隨之而來的，反而是好幾天的情緒低落。為什麼會這樣呢？

不用擔心。因為透過BEST療癒，會幫助我們「打開」身體感受，把潛意識裡的情緒帶出來，當年我們受虐或隱藏在身體內的情緒被帶出來、被看見，它開始流動了，所以此時我們會感到悲傷（就是安琪說的「酸酸的感覺」）、莫名地情緒低落，甚至突然感到憤怒。這些情緒其實都不是新的，也不是現在才有的，而是在小時候就已經發生的「舊」情緒，只是到現在才被我們「打開、看見」而已。

被壓抑的情緒能夠流動，這是好事。一旦情緒冒出來、開始流動，療癒就會展開，此時我們只要好好觀照它、安撫它，讓它慢慢流動、過去，這樣就好。

生命療癒不能急。我們需要一段時間去好好「哀悼」悲傷與憤怒，請耐心陪伴自己。

在創傷哀悼期間，請你當自己的好父母，好好照顧自己，好好地吃、好好地睡，偶爾去散步、運動，有感覺就做點「自由書寫」，幫助自己梳理情緒。當你這麼做時，你就幫了自己最大的忙。

4 媽媽不要把我送走——療癒童年被拋棄的焦慮引發的身心症

被拋棄的痛，是連呼吸都會痛，
當下彷彿失去了全世界，
連走路都是飄的。

盈盈一進門就顯得很焦慮，她神經緊繃，連沙發椅都不敢靠背、坐滿。於是我先帶她做放鬆冥想。

我讓盈盈閉上眼睛，深呼吸，身體放鬆，頭腦放空。接著又請盈盈把手放在自己的腹部丹田處，雙腳穩穩地踏在地面上，我引導她做「腹部深呼吸」。

約莫練習了兩、三分鐘以後，我請她安靜地去感覺自己的身體。

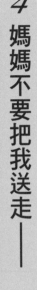

我：「身體現在是什麼感覺？」

盈盈：「胸口悶悶的，脖子很脹。」

於是我請她把注意力放在胸口跟脖子的部位：「請感覺它，去感覺那個悶悶、脹脹的感覺，跟那個感覺同在。感覺就好，不用分析、不用批判。」我輕輕提醒。

不久後，盈盈開始掉眼淚。我溫柔地說：「讓情緒自然流動，不要壓抑。」

過了一會兒，我問：「此刻眼淚會想說什麼話嗎？」

她回答：「好像被東西壓著，喘不過氣來，很難受。」

於是我請她輕輕地摸著自己的胸口、脖子，輕輕地「按摩」這些部位，去照顧它們（這是做「自我手療」）。我說：「去感覺這些部位，聆聽它。」

再過幾秒後，我問她：「如果我拿麥克風過去問妳的胸口，它會想說什麼話嗎？」

此時盈盈脹紅著臉，回我：「它說不出來。」

「沒關係，不勉強，妳只要繼續摸摸它、照顧它就好。」

冥想後，我問盈盈：「胸口悶、脖子腫，是從什麼時候開始的呢？」

她說很早以前就有。一開始她很擔心是腫瘤，但跑去醫院抽血檢查都沒結果，統統說沒有問題，醫生只是建議她要放鬆，壓力不要太大，因爲甲狀腺腫大跟免疫系統有關。壓力太大，自然會影響免疫功能。

於是我問她：「妳什麼時候開始甲狀腺腫大的？」

盈盈：「從小就有，小時候我就常去看醫生。」

我：「如果這個甲狀腺腫大跟情緒壓力有關，妳會怎麼解釋呢？」

盈盈：「很有可能。小時候我很膽小，每次父母責罵我，我就什麼話都說不出來、也不敢說，只會害怕地一直哭，但爸媽馬上又會罵我，叫我不准哭。」

盈盈開始跟我分享她的童年故事。

她是家裡的老么，小時候每次親戚朋友到家裡來，爸爸都會要求她叫人，但是她很害羞，每次都躲到媽媽後面，然後就被爸爸責罵，說她沒禮貌、沒家教，所以每次只要有親戚來家裡，她的壓力都很大。

不只如此，媽媽也常罵她。印象中，小時候媽媽常會說：「早知道就不要生下妳。」「如果不乖，就把妳送走，送去給別人當小孩。」媽媽經常用這些話威脅盈盈，每次都把她嚇得半死，這是她「深深害怕被拋棄」的來源。

據說在母親懷孕時，發現盈盈是女的，本來準備要拿掉的，後來外公阻止，她才被留下來。聽了這個故事，讓我更加確認盈盈的焦慮情緒是從哪裡來的，這就是典型的「**被遺棄焦慮症**」。

因爲害怕被拋棄，所以從小她就壓抑自己的情緒，不敢發聲，把很多的話都藏在心裡，這或許可以用來解釋她會出現胸悶、甲狀腺腫的原因之一。

接著，運用 BEST 療癒，我讓盈盈做情緒表達練習。

首先，我放了一個抱枕在她面前，代表媽媽，我跟盈盈說：「妳要不要跟媽媽說說話？」

盈盈馬上猶豫起來，身體立刻僵住。我不急著催促她，我等待，讓她自己準備好了再說。

過了兩分鐘，她做了一個深呼吸，緩緩地說：「媽媽，小時候妳動不動就說不要我，要把我送出去，妳知道我有多害怕嗎？我好害怕被你們拋棄，所以我一直裝作很乖的樣子，什麼話都不敢說。我一直壓抑自己，時常驚恐，妳知道妳的話對我有多大影響嗎？」

盈盈停了一下，又說：「在職場上，我一直很害怕面對權威，更害怕工作做不好會被老闆 fire 掉，就是因爲小時候妳經常威脅我，說要把我丟掉、送給別人，所以我很害怕如果表現不好會被拋棄，妳知道嗎？妳怎麼可以這樣對我？」盈盈越說越激動，眼淚從兩頰滑了下來。

當下，我讓她停在這裡，好好去感覺那個眼淚、去經驗以前那個「害怕」。

我問：「感覺現在的眼淚，它想要表達什麼？」

盈盈：「我覺得很委屈、很悲傷。」

「還有嗎？」我問。

不久，盈盈才緩緩地說：「還有生氣。」

「被自己的媽媽威脅、拋棄，妳覺得妳可以生氣嗎？」

盈盈沉默，不說話。於是我又再問第二次：「妳被這樣對待，妳覺得自己可以生媽媽的氣嗎？」

盈盈小聲地說：「可以。」

「妳確定嗎？」我問。她又輕輕地說一次：「可以。」我邀請她：「妳可以再大聲一點嗎？我聽不太清楚。」

盈盈可能被我激怒了，於是憤怒地說：「我可以生氣，我很生氣。」

喔，太好了。**「不生氣，就生病」**，是我這幾年做BEST情緒治療的心得。好好生氣，太重要了。於是我請她大聲地再說幾次。

盈盈邊哭邊說：「媽媽妳每次都說要把我送走，我很生氣、很生氣、很生氣。」這次她連說了三次，越說越大聲。太好了。

然後我請盈盈再閉上眼睛，去感覺現在的身體。

「我感覺現在的身體比之前又更放鬆了。」盈盈說。

等她呼吸平穩以後，我又換了另一個抱枕，擺放在盈盈的前面。

我說：「前面這個是爸爸，妳有沒有什麼話想對爸爸說呢？」

盈盈一聽到爸爸，立刻僵住，遲疑了很久，我一樣慢慢等她準備好。

不久，她用顫抖的聲音對爸爸說：「爸爸，小時候你常常罵我、否定我，讓我很受傷難過。尤其你經常強迫我要跟親戚問好，但小時候我很害羞，只要我說話小聲一點，或沒有叫親戚的名字，你就當場罵我，說我沒有用。你知道這些語言對我傷害有多大嗎？」當下盈盈的眼淚又潰堤了。

盈盈邊說邊哭：「你這樣的教育方法，只是反效果，只會讓我更害羞、更退縮，你知道嗎？」盈盈淚流滿面。

我再度讓盈盈「停在這裡」，讓她充分地去悲傷、好好地哭。她需要爲過去的傷痛好好哭一場，這是很重要的哀悼。**「哀悼」是創傷療癒很重要的一環**。

約過了三分鐘，等盈盈情緒恢復平靜以後，我再次讓她閉上眼睛：「請去感覺現在的身體有什麼感覺？」

「現在呼吸變得順暢了，胸口不悶，身體也更放鬆了。」盈盈說的時候，臉部表情明顯柔和許多。

今天的空椅對話，徹底釋放了積壓在盈盈身體內二十年的情緒，把她當年被父母責備、威脅、拋棄的焦慮與恐懼，做了適當的抒發，這對她的甲狀腺腫大治療應該會有很大的幫助。

療癒溫馨提醒

創傷療癒、情緒釋放，當然不是做一次就夠，療癒是需要時間的。

最後我提醒盈盈：「如果以後壓力大、情緒來的時候，妳也可以自己在房間練習情緒表達，只要放一個抱枕在前面，然後把心裡的話好好說出來就好。」

盈盈離開時告訴我：「現在感覺身體好累，但有一種輕鬆感。」

我說：「當然會很累。把積壓在身體內二十年的情緒一下子釋放出來，這是一件需要很用力、很耗能量的事，所以身體會累很正常，回去妳要好好休息幾天。」

幾個禮拜後，盈盈又來了。這次她進門時已經不像第一次來時這麼緊張畏縮了，最開心的是她告訴我，這兩個禮拜她不再胸悶，而且甲狀腺腫大也好多了。

5 好好道別，讓情緒過去、讓愛回來

情緒過不去，你的人生就一直「卡」在原地。透過「四道」（道歉、道別、道愛、道謝），你可以好好跟創傷做道別。

後現代有一個很重要的概念叫「不確定性」。

今年（二〇二〇年）是變化很大的一年，新冠病毒讓一切充滿了不確定性，肺炎橫掃全球，造成人類恐慌，多少人生離死別。疫情瞬間改變了世界，改變了你我的生活、工作與命運。

我每年必定到日本賞櫻、賞楓，機票早早在去年都已經訂好了，因爲疫情的緣故，最後不得不退票，放棄我最愛的旅行。今年原本在大陸北京各地舉辦的私塾班及工作坊，也因疫情關係全部取消。這一切的改變都不是我能掌控的。面對世界的巨變，我只能靜觀、接受，別無他法。我選擇如常，心靜如水。

但不是每個人都跟我一樣安然接受、心靜如水的。

三月初疫情最緊張的時刻，很多人焦慮地去超商藥局排隊買口罩、搶消毒酒精，此時我的個案也悄悄激增，裡面許多都是焦慮症個案。

紀如便是如此。全球疫情蔓延，讓她焦慮得坐立難安、心神不寧，無法安心睡覺，於是來找我晤談。

紀如告訴我：每天她都無法抑制地一直看新聞關注疫情訊息，無法做任何事，心慌意亂、坐立難安，內心很恐慌。擔心買不到口罩、擔心上班出門會被感染，擔心自己，也擔心家人，她時時刻刻都在焦慮。雖然還沒染上肺炎病毒，但焦慮的「病毒」已經蔓延到她的全身，讓她心悸、胸悶、頭痛、暈眩。

我同理她的焦慮，接住她的情緒。然後邀請她閉上眼睛、深呼吸，然後帶她做靜心、讓她放鬆。

我：「深呼吸，回到呼吸裡，安靜、放鬆。把手貼在妳的腹部，練習腹部呼吸。雙腳穩穩地踩在地板上，專注在妳的呼吸裡。」

兩分鐘後，我繼續引導紀如做身體覺察：「請感覺現在的身體，聆聽妳身體的聲音。身體有什麼感覺？」

紀如：「緊張、焦慮、不安。」

我：「好。去感覺身體的焦慮不安。感覺就好，不要分析、不要批判。聆聽它想說什麼？」

紀如：「它很擔心被感染、很害怕生病。」

我：「好。去感覺那個『擔心、害怕』，它在身體哪個部位？」

紀如：「胸口，胸口很悶。」

我：「好。請把手心搓一搓。搓熱以後，用手貼著你的胸口，去照顧那個『害怕』，好嗎？」

不久，我又繼續補充：「請去感覺那個害怕，聽聽看，它想說什麼？」

紀如突然掉下眼淚，輕輕地說：「我怕死。」

紀如的眼淚裡隱藏了許多「對死亡的恐懼」，我先讓紀如好好地哭、好好地流淚，去「釋放」內心的恐懼。**眼淚是釋放情緒的最好方式之一**。

不久，等紀如情緒緩和下來，我繼續問她：「我可以聽聽關於『恐懼死亡』的故事嗎？妳在幾歲的時候，開始接觸死亡的呢？」

我猜紀如的恐慌焦慮可能跟過去某個經驗有關，所以我們必須回到過去、面對那個「未竟事宜」，重新經驗它，把它擁抱回來。這是做BEST創傷療癒的重點。

於是，紀如開始說故事了。

原來在她五、六歲的時候，有一天爸爸突然車禍過世。那時候媽媽哭得很傷心，她懵懂無知，不知道發生了什麼事，沒有一個大人告訴她怎麼一回事，但看到媽媽哭，她嚇死了，當時的她很焦慮、很恐慌。

後來知道爸爸死了、再也不回來了。這是她第一次經驗到死亡，從此她對死亡充滿恐懼。找到恐懼的源頭了。

從此以後，每當紀如聽到各種災難消息、有人意外傷亡，都會令她立刻陷入恐懼的深淵裡，頓時感到焦慮、恐慌、無助。這是她的「情緒重現」。

父親的意外死亡，也讓紀如患有**「分離焦慮症」**，從此以後紀如對分離、分手都感到焦慮萬分，之前幾次跟男友的分手，都教她痛不欲生。

我的治療經驗告訴我，當年父親的突然離去，不但讓小時候的紀如陷入恐懼的情緒中，而且當時她一定沒有跟爸爸好好做「道別」，也沒有去表達自己的恐懼、哀傷。**沒有好好道別，情緒就會停留在「過去」裡，一直過不去，這就是「卡住」她的原因。**

接著我開始工作，我想幫紀如去跟爸爸好好做「道別」。

好好道別，把當年沒有表達出來的情緒好好說出來，讓過去那個受到驚嚇、焦慮、無助的小女孩被看見、被安撫，如此恐懼不安的情緒才能好好被安放，她的情緒才能眞正「過去」。

在第二次諮商時，透過靜心冥想，我讓紀如回到「六歲的自己」，回到當時面對爸爸死亡、手足無措、焦慮不安的自己。我讓當時的小紀如「重新」跟爸爸說話、跟爸爸產生連結。

冥想中，我溫柔地對紀如說：「請回到當時六歲的自己，看見當時惶恐不安的自己。那時候爸爸突然死了，媽媽哭得厲害，妳是什麼感覺？害怕嗎？」「請想像妳在爸爸的靈堂裡，爸爸就躺在前面，此時妳會想跟爸爸說什麼呢？你願意把當時的感受告訴爸爸嗎？」此時紀如突然放聲大哭。

是的，她需要大哭一場，去好好宣洩當年的驚恐不安。

當年受到驚嚇的她「僵住」了，根本哭不出來。當時她壓抑了悲傷，因爲她覺得媽媽在哭、媽媽好可憐，所以她不能哭、她要照顧媽媽。但此時，她必須學習先照顧自己，照顧那個「六歲的自己」，把當時沒哭出來的眼淚給哭回來。

我讓紀如盡情地哭，不干擾她，只是在一旁靜靜地陪伴。

等紀如哭完後，我在紀如面前放了一個抱枕，對她說：「如果爸爸現在出現在妳面前（我指前面的抱枕），妳有什麼話想對爸爸說嗎？」

紀如馬上又流淚了。

接著，她緩緩地對爸爸道出，當年的害怕、恐懼、無助。她說看到媽媽一直哭，她很害怕媽媽也會死掉，她已經失去爸爸了，不能再失去媽媽。

她還對爸爸說：「我好想你、我好愛你。謝謝你小時候載我去幼稚園上學。謝謝你下班時都會買我喜歡的巧克力給我吃。對不起，小時候我有時很調皮，沒有聽你的話，感謝你對我的包容，今生可以當你的女兒，是我最大的幸福，來生我願意再當你的女兒……」

透過**「四道」**（**道歉**、**道別**、**道愛**、**道謝**），紀如終於好好地跟爸爸做了道別。

做完「四道」以後，紀如的情緒明顯舒緩許多，然後我再邀請她閉上眼睛：「感覺一下現在的身體，現在感覺如何？」

紀如：「胸口不悶了，身體變輕鬆了。」

後來幾次諮商，我又對紀如做了幾回ＢＥＳＴ療癒，讓她繼續表達對父親的思念，同時去「釋放」當年的恐懼與焦慮。在這樣的陪伴下，紀如漸漸地走出過去的喪父之痛，面對疫情也不再恐慌了。

6 是沒有感覺，還是害怕表達感覺？

當你總是以「別人的需要」為需要時，
久了以後，你就不知道「自己要什麼」了。

月雲是年過半百的家庭主婦，上半生都給了家庭，眼裡永遠只有丈夫、孩子，沒有自己。

如今走到了中年，面臨更年期、空巢期，還有難解的婆媳問題，她感到空虛、寂寞、孤單、焦躁不安。長期以來，她晚上都無法安眠，醫生說她患有焦慮症、自律神經失調。兩個月前她找上我做個別諮商。會談中，她身體僵硬，說話速度很快，我經常無法插話。

於是我開始教她靜心，做深呼吸，觀察自己的呼吸與身體，讓她學習放鬆，去感覺自己的感覺。漸漸地，她的生活開始有了轉變。

她說，現在清晨起床，她不再急著煮飯打掃，而是先帶自己到河堤散步；同時她還報了社區大學的瑜伽課，每週去兩次。

現在的她，走路、說話速度也慢了許多，不像以前，總像後面有人要追殺她似的，急、急、急，連我要打斷她的話都很難。

這次她來，迫不及待地告訴我，上週她去社區大學報了素描課。

頓時，我的眼睛發亮，嗯，這是新故事。我喜歡新故事，我對新故事是無法抵抗的。

接著，我好奇地問她：「妳喜歡畫畫嗎？」

「就因爲剛好那個時間有空。」她說。

答非所問。好，我不放棄：「那妳喜歡畫畫嗎？」

月雲：「拼布我不喜歡，書法我不喜歡，陶藝我也不喜歡。」

還是答非所問。沒關係，我再探：「謝謝妳告訴我妳不喜歡什麼。那妳喜歡畫畫嗎？」

月雲：「畫畫比較簡單啦，只要一枝鉛筆就好。」

我深呼吸。眞、的、沒、關、係。我繼續問：「好，那妳喜歡畫畫嗎？」

月雲：「我們老師說畫畫比較不會得老人痴呆症。」

放鬆，深呼吸：「所以，妳喜歡畫畫嗎？」

月雲：「還好啦。反正有空就去。」

好了，我知道這已經到頂了。我怕再問下去，不是我拿抱枕敲她，就是她拿抱枕打我（哈）。

你知道嗎？**當我們過去總是以「別人的需要」爲需要時，久了以後，我們就不知道「自**

己要什麼」了。

當然，不知道自己要什麼的最原始「源頭」，可能還是源自於我們的原生家庭、教養方式，因爲很少有父母會問孩子：「你要什麼呢？」「你喜歡什麼？」不是嗎？通常父母都幫我們決定好了。「你吃這個比較好吃」「穿這個比較漂亮」「念醫科以後當醫生比較有前途」「這個女生太有主見不好，你要娶乖一點的女人」。

有一次，我躺在公園的草地上看雲、做日光浴，突然旁邊來了幾名婦人，就在我附近的椅子上坐下來。

其中一個婦人帶了一個約四、五歲的小孩，然後另一個婦人就從包包裡拿出一盒壽司，取出一塊餵小孩吃。小孩吃一口，婦人就問：「好吃嗎？」孩子沒說話，媽媽馬上答腔，對著孩子說：「你要說好吃啊。」

我在一旁聽了，立刻深呼吸，接著嘆氣。

你看，連好不好吃都要由大人決定。我們連自己的味覺都無法自己作主，更別提其他感受了。

從小我們就被訓練要當一個「乖小孩」，好去迎合父母的喜好，「配合」父母的需要。但是，**當乖小孩的意思就是「你得把眞實的感受、想法統統隱藏起來」，你不能有感覺。**這就是知名心理學家愛麗絲·米勒說的**「假我」**，當乖小孩是不能有「眞我」的。

好，月雲的故事還沒完。過了一個星期，她又來了。

一坐下來，她就告訴我，她退掉了社區大學的素描課。啊！又是「新故事」。我喜歡新故事。我立刻豎起耳朵，好奇地問她：「爲什麼要退掉素描課？」

月雲：「上週跟你談完後，回家的路上我就一直在想，爲什麼你問我那麼多次『妳喜歡嗎？』我都答不出來，我是眞的不知道嗎？然後我發現，其實是因爲我不敢說『我不喜歡』。後來當我承認自己其實不喜歡以後，我就退掉了。」

終於有感覺了，太好了。

我：「爲什麼妳不敢說『不喜歡』？妳會怎麼解釋？」

月雲：「因爲從小父母叫我們做什麼，就要做什麼，沒有人會問我們喜不喜歡啊。」

我：「所以從小妳就習慣『順從』父母，告訴自己不要去感覺、不要去表達自己的感覺與需要，是這樣嗎？」

月雲：「沒辦法啊，不聽話就會被罵、被打。」

我發現當她在說這句話的時候，眼神裡流露出一種莫名的恐懼。當下，她其實已經回到了小時候那個小小月雲裡面了。

於是我邀請她閉上眼睛，回到當年那個「被打、被罵的小小月雲」的畫面裡。

我：「安靜、放鬆，好好去感覺身體，現在身體是什麼感覺？」

月雲：「好害怕、好孤單。」說這句話的時候，她的身體開始微微顫抖（顫抖是身體在釋放「恐懼能量」的表現）。

順著這個「恐懼」的情緒，我讓她去感覺身體的「顫抖」。

我說：「繼續抖，不要停。去感覺身體發抖的感覺。」

透過BEST療癒，我為她做了一次深度的童年創傷療癒（過程類似前面案例，不再贅述）。

做完BEST療癒以後，我讓月雲閉上眼睛，去感覺此刻的身體。

我：「現在身體是什麼感覺？」

月雲：「很放鬆，感覺胸口不再那麼悶，呼吸也順暢許多。」過去她很難放鬆，晚上都無法睡覺，每晚都要吃安眠藥。

再一個禮拜，月雲又來了。

一進晤談室，我的眼睛為之一亮，喔，她改變髮型了，同時換上了一件粉色洋裝（以前來她都是穿暗色衣服居多），同時氣色也紅潤許多。

「妳今天看起來很不一樣，整個人都亮起來了。有什麼新故事嗎？」

做敘事治療最歡迎**「新故事」**了，新故事代表案主的生命有了「新的進展」。我們很樂於當來訪者的**「生命見證人」**，這樣的見證與「看見」，對當事人的療癒很有幫助。

小小的改變，可以創造大大的改變（different make different），這是做敘事的相信。

聽我這麼問，月雲臉上馬上露出喜悅的笑容，緩緩地說：「上週晤談結束後，我開車回家，發現一路上的風景好美喔，那個山、那個雲、路邊的花草，都好漂亮。奇怪，以前我走了好多趟，怎麼都沒有發現？」她笑著說。

很好，她的感官打開、有感覺了。故事沒完。

「回家以後，我先生一看到我，就問我：『晚上吃什麼？』我毫不猶豫地跟他說：『晚上不煮，我們去外面吃。』我先生就說：『好，那要吃什麼？』然後我就跟他說：『我想去蘇澳吃海鮮。』」

當她說到這裡時，我的眼珠子差點掉出來，差點從椅子上摔下來。太神奇了，以前的月雲不是這樣的，她絕不敢去表達自己要什麼。

「眞的嗎？妳眞的這樣跟妳先生說？」我張大眼睛。

「是啊。」她有點得意。

「那你先生的反應是？」

「他當場愣了一下，不過馬上就說：『喔，好啊。』然後轉身就去準備開車出門，因爲我跟他說，我累了，我不想開，我要他開車。」

「後來呢？」我渴望地聆聽著。

「後來我們就往海邊開去，沿路剛好看到夕陽彩霞，好美喔。那天我點了很多我喜歡吃的海鮮，吃得很過癮。」

「這個經驗帶給妳什麼感覺？」哈，我又問感覺了。

「很開心、很爽啊。」

太好了，她終於可以直接說「感覺」了（灑花、慶祝）。還好，這一次她沒有再讓我問五、六次還問不出來。萬幸啊。

當她把感覺找回來時，我就知道，她的療癒已經踏上新階段了，真替她開心。

療癒溫馨提醒

可能很多人都會好奇：「為什麼當月雲的感覺回來時，她的療癒就踏上新階段了？」

因為從月雲的「新故事」裡，我發現她的**「感官能力」**恢復了。就像她說：「我發現一路上的風景好美喔，那個山、那個雲、路邊的花草，都好漂亮。奇怪，以前我走了好多趟，怎麼都沒有發現？」這就是證明。

當我們把隱藏在身體內的負向情緒徹底釋放時，身心就「暢通」了，像是打通「任督二脈」一樣。當身體「通透」了，感官就會變得清晰。

當感官清晰以後，你看世界就會不一樣，你會開始感覺到世界的美好。同時，你的感覺與表達也會變得清晰順暢許多，不像以前總似一團糨糊般，模糊不清，每次都說「不知道」。

你看新故事裡的月雲，她跟先生的對話裡，表達能力整個大大暢通，完全不堵了。

那天回家，她決定不做晚餐。她說這件事要是在以前根本不可能發生，因為她覺得做晚餐是她的責任，不做會有罪惡感。

同時她還主動對先生說：「我要去外面吃。」「我要吃海鮮。」像這樣清楚自己要什麼，而且表達出來，對很多人而言是困難的。至少以前的月雲絕對辦不到。

你看，她的故事「重寫」了，這就是療癒的證據。

7 認回被拋棄的恐懼、被遺棄的自己

恐懼會內耗我們的能量，
顫抖是身體釋放恐懼能量的方式。

那一次，在聽完月雲的故事以後，樂樂立刻舉手，分享了自己的童年故事。她說，小時候爸爸常不在家，媽媽情緒很暴躁，經常發脾氣。

六歲的時候，有一次不記得自己犯了什麼錯，媽媽很生氣，硬是要把她趕出去，還把她的衣服裝在塑膠袋裡，丟給她說：「妳給我出去、不要回來，這裡不是妳的家！」

當時小樂樂被媽媽趕出去，她嚇死了，一直哭，邊哭邊喊：「媽媽，不要！」但媽媽不依，狠狠地說：「妳不走，我走。」

然後媽媽就直接衝出家門，跑出去了。當下樂樂跟弟弟就更加驚恐，狂哭著跑出去找媽媽，想把媽媽追回來。但媽媽跑得很快，一下子就不見了。

樂樂跟弟弟就在外邊一直找媽媽，邊找邊哭，心裡很著急。

後來住在隔壁的爺爺聽到外面有孩子哭叫，就跑出來看是怎麼一回事。雖然不久媽媽就回來了（其實媽媽就躲在暗處，故意不讓他們找到），但這次經驗，對樂樂而言卻是一次嚴重的創傷事件。**她被拋棄了**。

接著我問樂樂：「這個經驗對妳後來的影響是什麼？」

樂樂說：「我變得很會察言觀色，很害怕母親生氣、害怕周遭的人生氣，我學會了忍耐跟討好，不敢表達自己的想法與情緒，活得很壓抑。我尤其害怕分離、害怕被拋棄。」

說完以後，我邀請她閉上眼睛。

「深呼吸，感覺一下妳的身體，感覺身體有什麼感覺？」我緩緩地說。

不久，樂樂說：「胸口悶悶的。」

我說：「把注意力放在胸口，好好去感覺那個悶悶的感覺。」

話一說完，樂樂很自然地伸起左手去摸自己的胸口，而且來回地撫摸（身體很有智慧，會自動自發地用「適當」的方式來照顧自己）。

於是我順勢說：「對，用手好好去照顧它、撫摸它、感覺它、疼惜它。」

接著，樂樂用兩手再次去撫摸自己的胸口。瞬間，她的眼淚突然爆發，她開始無法自主地啜泣起來（**自我手療會「啓動」她身體的記憶**）。

眼淚是一種情緒的流動，這是好事。於是我鼓勵她：「當年妳受到驚嚇了，妳是可以哭的，好好哭，沒關係。」

聽到我這麼一說，她的眼淚就像水龍頭一樣，啪啦啪啦地潰堤，一直流、一直流，哭泣的聲音越來越大。

好好哭一場很重要，眼淚也是一種情緒與能量的釋放。

不久後，她的雙手突然微微顫抖。

我知道，**顫抖是身體釋放恐懼能量的方式**。當我們害怕時，身體自然會顫抖，這就是身體在「釋放能量」。

於是我鼓勵樂樂：「很好，繼續抖，沒關係。用力抖，不要停。」

樂樂揮動著雙手，動作越來越大，顫抖的力道也越來越強。很好，**她正在釋放當年小樂樂被拋棄的「恐懼能量」**。

當恐懼的能量釋放出來以後，樂樂又嚎啕大哭了起來，哭得很傷心。

此刻，所有學員就在一旁默默地陪伴她，我說：「沒關係，妳可以哭的，這裡很安全，大家都在這裡陪伴妳，妳並不孤單。」

這樣的語言會讓她更安心地待在自己的情緒裡，做情緒釋放。

我說：「媽媽當時拋棄妳，妳一定很傷心、難過、害怕、恐懼，是嗎？」

我讓她繼續哭。我想讓她把小時候「還沒走完的情緒」走完，讓恐懼情緒可以好好「釋放」乾淨。

在哭聲中，她突然冒出一句話：「妳怎麼可以這樣？」

想也知道，這是樂樂對媽媽說的話，這也是「憤怒」。

太好了。**釋放完恐懼以後，憤怒的情緒就會接著出來**，這是我的臨床經驗。

被拋棄的孩子通常不會只有「恐懼」，一定還有「憤怒」。**恐懼與憤怒都是重要的「核心情緒」，必須好好處理**。

於是我鼓勵樂樂：「妳可以再大聲說一遍『妳怎麼可以這樣』嗎？」

樂樂邊哭邊重複這句話。她說了三、四次，每說一次，情緒就越強大，甚至最後用手搥了一下身邊的抱枕。

太好了，透過「肢體動作」，情緒釋放就會更徹底。於是我鼓勵她：「多搥幾下，用力搥，沒關係。」

樂樂使勁搥著抱枕，最後放聲大哭，哭得傷心欲絕、淋漓盡致，這一次，她終於徹底釋放了童年被拋棄的情緒。

哭了一、兩分鐘，當她的情緒慢慢緩和下來，我請她「深呼吸，回到呼吸、回到身體，感覺現在的身體」。

我：「現在身體有什麼感覺？」

樂樂：「胸口悶悶的感覺不見了，身體變鬆了。」

是的，當恐懼與憤怒釋放出來以後，身體就會整個鬆垮下來，像是洩了氣的皮球一樣。

接著我又問樂樂：「聽聽看，如果身體會說話，它現在會想說什麼？」

樂樂不假思索地回：「它想要一個擁抱。」

太好了，**療癒受傷的身心，最好的方法就是擁抱，沒錯。身體永遠知道它要什麼。**

於是我請坐在旁邊的月雲站起來，給樂樂一個大大的擁抱。

當樂樂緊緊地抱著月雲時，月雲就像一個好母親般，一隻手還溫柔地撫摸著樂樂的頭髮。然後，樂樂又哭了。

在那個擁抱裡，樂樂把小時候那個被拋棄、受到驚嚇、充滿憤怒的自己，給擁抱回來了。

擁抱之後，樂樂緩緩坐下，氣色變紅潤了，整個人有一種安然的釋放感。此刻我知道，她已經走完了一個重要的療程，她的人生又向前邁了一步，而且是很大的一步。

8 好好生氣，你才不會亂發脾氣——情緒重現的案例

不生氣，就生病。
憤怒是一股巨大的能量。
不會生氣，憤怒就轉向自己，攻擊你的身體。

蘭芯一坐下來就對我說，上週她對一個學生狠狠地發了一頓脾氣，而且氣到用吼的。她說她生平第一次發這麼大脾氣，以前的她是一個不會生氣的人，她習慣忍耐、生悶氣。這次連她自己都感到驚訝。她發飆的聲音，竟然連隔壁老師都聽見，還特地跑出來看，讓她很不好意思。

於是我問她：「爲什麼妳對那名學生那麼生氣呢？他踩到了妳哪個地雷？」

她一時語塞，答不出來。

於是我請蘭芯閉上眼睛，回到「案發現場」，去感覺當時的憤怒。

不久，蘭芯慢慢張開眼睛，緩緩地說：「我知道了，因爲他踩到我的地雷，我的地雷

就是『我對你那麼好，你竟然辜負我的好意、不珍惜我的好意』，所以我很憤怒。」

於是我接著問：「平常誰辜負妳的好意？誰又不珍惜妳的好意？」

蘭芯想都不想，立刻回我：「我母親。」然後，淚水立馬從她眼珠子裡滾下來。

原來，她有一個控制狂母親。

母親的脾氣一直不好，經常跟父親大吵大鬧，後來他們離婚了。離婚以後，母親情緒更加暴躁，蘭芯爲了安撫她，於是長出討好模式，母親說一，她不敢說二，她很怕母親生氣，母親一生氣就指責她。但越是怕母親生氣，母親就越容易生氣，這是當然的，因爲**生氣是最好的控制方式，這叫「情緒勒索」**。

蘭芯如今年過五十，照顧母親一輩子，卻依然離不開母親。

母親年邁又中風，縱使有請外傭照顧，但蘭芯假日還是「必須」回家讓母親看見，不然母親就會大發脾氣。

上週她回去看母親、侍奉母親，母親卻像以前那樣一直對她百般挑剔，一下子說她笨、什麼都不會，一下又說她不孝，自己命苦生出這種女兒。當下她受不了了，氣得奪門而出。

不管自己再怎麼努力，母親永遠不滿意，教她感到沮喪又悲傷。

她經常感到悲哀、沮喪、無力，甚至憤怒，覺得自己很可悲，隨時都有想死的念頭。

其實，她早已有憂鬱症的症狀。

蘭芯痛恨母親對她的控制，但她更痛恨自己離不開母親的控制。她一直扮演家裡的「拯救者」，她想放手，卻辦不到。

這是可以理解的。從小被父母嚴厲控制的小孩，不管你活到幾歲，都很難「掙脫」父母的控制，因爲你內心住著一個嚴厲的法官，他會監督你、批判你、說你不孝，所以你是不可能放手的。這個法官就是你小時候的父母。

蘭芯對母親充滿了憤怒。她氣母親，更氣自己。但她不會表達，也不敢表達。不管是在母親面前或在學校、朋友間，她都不會生氣，永遠都只會「生悶氣」。

故事聽到這裡，我請蘭芯閉上眼睛，去感覺自己的身體。

我：「安靜，回到呼吸，感覺妳的身體，現在身體有什麼感覺？」

蘭芯：「我的胸很悶，感覺無法喘氣。」

我：「好，請把手放在胸悶的地方，去感覺那個『悶』。」

我讓蘭芯好好地去覺察身體、聆聽身體。

不久，我又問：「胸悶如果會說話，當我拿著麥克風請它說話時，它會說什麼？」

蘭芯遲疑了一下：「它講不出來，有一塊大石頭壓住。」

我：「感覺一下，那顆大石頭是誰？它壓在那裡多久了？」

蘭芯：「大石頭是我媽。從小我媽就要我閉嘴，我不能表達意見、表達感受。所以從小我就經常感到胸悶。」

於是我拿出一個抱枕放在她的胸口，說：「這個抱枕代表那顆石頭，去感覺它壓住妳的感覺。」

頓時間，蘭芯的眼角流下了眼淚。

我：「好，停留在現在的感覺。去感覺那個眼淚，還有被石頭壓住的感覺（石頭代表母親的壓抑與控制）。」（我讓她回到「案發現場」，開始做療癒。）

蘭芯流著淚，我在一旁安靜地陪伴著。

不久後，我溫柔地說：「妳現在長大了，妳不是當年那個五歲的小女孩，我知道現在的妳是有力量的，妳願意把胸口那顆大石頭拿開嗎？」（用現在的自己，去拯救過去的自己。）

蘭芯掙扎了一下，緩緩地抓起抱枕，把它從胸口拿開。

我：「好，感覺一下，現在是什麼感覺？當妳可以把石頭拿開以後，身體是什麼感覺？」

蘭芯：「感覺輕鬆些。」

我拿起那個抱枕，又塞回到她的胸口，她愣了一下，立刻皺起眉頭，做出痛苦的表情，大聲說：「不要。」

我：「不要什麼？」

蘭芯用手推開抱枕：「不要過來。」

我：「很好，去感覺妳可以用力推開它的感覺。」

蘭芯用力將抱枕推開，彷彿想要把母親推開一般。她的力量慢慢長出來了。於是我讓她在「推開」這個動作裡又重複做了幾次。

做完「推開」動作以後，蘭芯大大地鬆了一口氣，癱在沙發裡。

「現在什麼感覺？」我問。

「很累。」她回。

「還有嗎？」我問。「身體更鬆了。」她又回。

蘭芯休息片刻後，我問她：「想像一下，如果母親現在出現在妳面前，妳會想對她說什麼？」

蘭芯睜大眼睛說：「我不想對她說話，我想打她一巴掌。」

這句話讓我有點訝異，但也有點開心。不錯喔，她生氣了。

於是我又拿起抱枕，放在她面前，說：「那妳要不要試看看，把妳的憤怒表達出來。想像這是妳母親，妳想給她一巴掌。」

蘭芯停頓兩秒，猶豫了一下，但立刻伸出手，打了一下。

蘭芯似乎感覺還不錯，於是又連續出手，打了第二下、第三下。

這時，她的表情漸漸有了血色，感覺她身上漸漸充滿力量，於是我鼓勵她繼續打、不要停，把積壓在內心五十年的憤怒，在此時好好充分表達出來，讓體內的情緒流動。這樣的發洩，對她的療癒很有幫助。

蘭芯邊打邊哭，最後還氣憤地說：「我恨妳。」

我相信這是壓抑在她內心已久的話，只是她不敢說出來，於是我請她再說一遍：「妳可以再大聲說一遍『我恨妳』嗎？」

她邊做動作、邊用語言把憤怒表達出來，此時她早已淚流滿面。

這個治療過程「張力」很大，如此不但可以讓積壓多年的淚水流動，更重要的是，讓內心長期壓抑的悲傷、恐懼、憤怒，可以充分宣洩出來。

情緒宣洩是療癒的第一步。能夠把埋藏在身體裡、潛意識裡的情緒，帶到意識層面做表達、釋放，是BEST療癒中很重要的步驟。

當蘭芯停下來以後，我請她深呼吸，回到呼吸裡，感覺現在的身體。

我問蘭芯：「現在感覺如何？」。

蘭芯：「感覺身體有力量了。」

一旦情緒開始流動，身體就「通」了，人就會慢慢長出力量來。

於是我又拿出抱枕，說：「這個抱枕象徵母親，妳希望她在哪裡，妳會比較舒服？」

蘭芯：「我不要她靠近我，我希望她離我遠一點。」

我：「那你希望她離妳多遠？妳要不要擺給我看呢？」

我將抱枕遞給蘭芯，蘭芯接住抱枕後，立刻往前方牆壁丟過去。

我：「太好了。去感覺自己身上的力量，妳可以再丟一次嗎？」

蘭芯撿回抱枕，「用力」再丟出去，這次力道比上次更大。

我在一旁欣賞她「丟抱枕」，同時也鼓勵她：「如果喜歡，可以多做幾次沒關係。」

在最後一次狠狠地丟出抱枕以後，蘭芯坐回去，整個身體癱在沙發上。

我再次請她閉上眼睛，深呼吸、回到呼吸，去感覺現在的身體。

我：「現在的身體是什麼感覺？」

蘭芯：「之前的胸悶不見了，現在呼吸順暢很多。」

我：「很好。請在這個感覺裡多停留一會兒，這是什麼感覺？」

蘭芯：「我感覺平靜。」

我：「平靜帶給妳什麼感覺？」

蘭芯：「平靜帶給我幸福的感覺，內心有一種淡淡的喜悅。」

我：「請停留在現在平靜、幸福、內心淡淡喜悅的感覺，好好去享受它。」

完成了BEST療癒，我感受到蘭芯的臉上出現一種淡淡的寧靜與柔和。

蘭芯離開前，我請她爲今天的會談做點回饋，她沉思了一會兒，說：「我從來沒想過我可以生氣，而且我發現：原來生氣可以這麼爽、這麼痛快。」

聽到她說得這麼直白，我笑了出來。於是趁機又補上一句：

「當妳可以好好生氣，妳就不會生悶氣或亂發脾氣。妳有沒有想過，上週妳對學生發脾氣，妳的憤怒或許只有一、兩成是對學生，其中有八成以上其實是妳對母親生氣。因爲過去妳對母親的憤怒一直被壓抑著，所以在某個時機點，剛好有人做出類似母親做的事，於是妳整個人就暴怒。其實那個眞正讓妳生氣的人，是妳的母親，妳同意嗎？」（這是「情緒重現」。）

蘭芯點點頭，表示同意，並說下週回學校要找機會跟那名學生道歉。

好，做到這裡，也算功德圓滿了。看著蘭芯離去的背影，我知道她已經不是來時的她。現在的她，是有力量的。

療癒溫馨提醒

故事裡案主在諮商室對母親賞巴掌、說「我恨你」的練習，我猜，這可能又會挑起一些人的不安與恐懼，心裡會冒出：「我們怎麼可以這樣對父母，這樣很不孝。」你內在的法官又出現了，是嗎？

不用擔心，我們不是鼓勵孩子打父母或恨父母，**現實生活裡，所有的暴力都是不被允許的，而且暴力也無法真正解決問題**。

如果案主內在確實對父母充滿憤怒，我們會鼓勵他在諮商室這個「安全的空間」裡，好好表達憤怒、釋放憤怒（這是治療過程）。只要他能在這個空間裡把憤怒釋放出來，他內在的憤怒就不會去攻擊自己或他人。

最近又看到兒子殺死母親的新聞，雖然報紙上說兒子患有精神疾病，但我相信，他內心必定長期壓抑、充滿憤怒。如果他內在的憤怒可以透過心理治療，在諮商情境中好好發洩、釋放、被處理，我相信這種人倫悲劇應該就不會發生了。

Part 6

創傷復原與自我照顧

當自己的好父母，
好好把自己愛回來，
會是你這一生中，
最值得做的一件事。

圖 6-1：創傷復原的 4 大關鍵。

1 創傷復原的四大關鍵：覺知、流動、釋放、撫慰

創傷復原不全是治療師的責任，創傷倖存者的自我照顧才是療癒的關鍵。

這幾年做BEST療癒，我發現在創傷復原歷程中，必定包含以下四個重要關鍵：**覺知**（Aware）、**流動**（Flow）、**釋放**（Release）、**撫慰**（Caress，**溫柔撫摸**）。

簡單說明如下：

1.**覺知**（Aware）

沒有覺知，就沒有療癒。

保持自我覺知，覺察自我身心變化，是療癒的第一步。

如何覺知的關鍵字，就是**「如實」**。**如實看見**、**如實感覺**、**如實接受**、**如實說出**。

治療的目的，就是在讓人「成為眞實的自己」，因此「如實」很重要。

那要如何做到「如實」呢？

做BEST療癒時，透過靜心正念，我會幫助來訪者做深刻的自我覺察。靜心時，我會讓當事人回到呼吸、回到身體、感覺身體。從身體的覺察開始，進而去辨識情緒，讓情緒「如實」地被感知、被看見。

當然還有一個最重要的心態是：當事人願意準備好去面對自己、面對眞實。如果依然心存「抗拒」，想要逃避、粉飾太平，那一切免談。

「如實」是一個人眞誠對待自己的方式。

2.流動（Flow）

當情緒被看見以後，我們得讓情緒產生「流動」，不要再卡在身體裡。情緒就是能量，情緒流動，能量就流動，身體的能量流動，療癒才會產生。

情緒要如何流動呢？

簡單地說，就是**「說出來」**（come out）。

說，很重要。「當一個人說故事，他的生命就產生流動」，這是故事療癒的眞諦。把心裡的話說出來，讓祕密曝光、見光死，你就得以自由解脫了。

除了直接說出來，運用**「自由書寫」**也是好方法。這個「說」的方式很管用，尤其是對不習慣表達、時常焦慮、想很多的人。說不出來，就用寫的，以「寫」代替「說」，寫完以後，還要再唸出來。千萬不要一直「想」，想是沒有用的。

自由書寫的要訣就是「**不要想**、一**直寫**、**不要停**」。光想沒有用，你要把腦袋裡的東西寫下來、被看見，如此才不會「胡思亂想」。

透過自由書寫可以幫助我們沉澱思緒、過濾煩惱，去做深刻的自我看見。寫完，當焦慮被你看見、被你理解時，你的焦慮就會自然減輕，甚至散去。

當然，透過繪畫或藝術治療形式「畫出來」，也是另一種「說」的好方法。

3. 釋放（Release）

情緒流動只是療癒的初階段，必須進一步去「釋放」壓抑在體內深層的情緒，把「毒膿」擠出來，如此才能「淨化」身心。

想要徹底淨化身心，做創傷療癒時「釋放情緒」是絕對必要的。

要如何做情緒釋放呢？

前面的故事裡，我已經透過案例示範做了許多說明，當中的作法包括：敘事對話、角色對話、完形治療、「心理劇」回到現場重新感受，以及能量手療等技術。

釋放重點是：在安全的情況下，去練習情緒表達，讓自己好好生氣、好好悲傷、好好發洩恐懼的情緒，讓積累在身體內的情緒，得以充分清理、釋放。

情緒釋放這個步驟彷彿就像「開刀」一樣，爲創傷療癒帶來最根本的治療。情緒釋放時，「情緒張力」會比較大，但請不用擔心，也不用害怕。你該害怕的不是情緒，而是你的「無感」、碰不到自己的情緒。無感，會讓你變成一個活死人，感受不到自己，也感受不到幸福快樂。

4. 撫慰（Caress，溫柔撫摸）

情緒釋放完畢，身體會虛脫，通常會很累。因爲要把累積在體內的情緒「逼」出來，是要花很大力氣的。就像你房間裡堆滿陳年未清的垃圾，哪一天你心血來潮想要徹底清理，是不是要花很多力氣、會很累？所以情緒釋放完以後，我們得好好去照顧過去那個受傷的自己（內在小孩）。以前我用的語言比較多是「照顧」（Care），但現在我更喜歡用「**撫慰**」（Caress）這個詞。就像孩子哭了，你會拍拍他的背，給他「呼呼、秀秀」（台語「疼惜」的意思）、溫柔撫摸他一樣。

用「撫慰」這個詞很有畫面感，更能表達「身體療癒」及照顧的意味。請想像你用手在順你家貓狗的毛，然後牠們一副被你撫摸、很享受的畫面，光是想像就很療癒了。

情緒不是釋放完就好，當傷口打開了，接下來還得「上膏藥」，傷才會眞的痊癒。這個「上膏藥」的意思就是「撫慰」。撫慰帶出「愛的感覺」，愛是最好的良藥。用愛去「撫慰」創傷、照顧傷口，讓過去受傷的自己感覺被愛，這就是治療。

那要如何做到「撫慰」呢？

撫慰分為兩部分，一個是治療師要做的，一個是倖存者自己要做的。

治療師要做的部分：最好的撫慰就是做「內在小孩療癒」。每次做BEST的最後階段，我一定會做內在小孩療癒，透過**擁抱**、**安撫**、**對話**，去照顧過去那個受傷的內在小孩。另外治療師的**長期善意陪伴**、**存在性的相隨**、**成為個案的「好客體」**，這些都具備相當大的「撫慰」效果。

當然，創傷復原不能光靠治療師，創傷者本身也必須負起自我療癒的責任，這部分其實更重要。因此**倖存者要做的部分是：幫自己找資源**、**找到好的關係**、**運用好客體（貴人）來善待自己**。

倖存者可以練習：學習擁抱自己、擁抱寵物、擁抱抱枕，擁抱是最好的自我撫慰方式；學習善待自己，好好地吃、好好地睡、適當運動；學習適當滿足自己的需要；經常把自己帶到大自然，做大自然療癒有益身心。

學習如何自我「撫慰」，幾乎就是學習怎樣「愛自己」。這也是本章最想分享的重點。但是在談如何「自我撫慰」之前，讓我們先談「創傷復原」吧，請繼續往下看。

2 我如何知道自己的創傷已經復原了？

打破「救贖幻想」，療癒不是一直前進的過程。

經常有人問我：「我如何知道自己的創傷已經復原了？」通常我會舉我最喜歡的心理學大師歐文．亞隆（Irvin D. Yalom）爲例子。

歐文．亞隆是舉世聞名的精神科醫師，一輩子都在做心理治療（不管是治療別人或治療自己），至今八十五歲，依然沒退休。

他的書被翻譯成十多種語言，行銷全世界，深受大眾喜愛，然而他卻說：「至今我依然有時還會感到隱隱的不安與焦慮。」

在歐文．亞隆的紀錄片裡，你會看見沉思的他仍會不自覺地咬指甲。你們一定知道咬指甲所代表的意思，那是一種焦慮的表現。好吧，焦慮又怎樣？

所以，**所謂的創傷復原，不是恢復成「原來的樣子」或跟某個標準做比較，要你變成別人的樣子**。不是的。

「只要你今天活得比昨天更自在一點」「以前困擾你的人或事，今天你沒那麼在意了」「你最近『情緒重現』的頻率變少了」，或是「你的情緒反應不會像以前那麼強烈誇張了」，其實這些都是療癒進展的「證據」。

而且，我想提醒大家的是：**療癒不是一直前進的過程**。意思是：有時候療癒是**「前進一步，又退後兩步」**，它是一個不斷反覆、來來回回的歷程——CPTSD專家彼得．沃克如是提醒我們。

彼得要我們有所覺悟，要打破**「救贖幻想」**，去認清一個事實，這個事實是：你的童年創傷，是你一輩子的功課，很可能永遠都不會有「療癒完成」的時候。

聽到他這麼說，請你不要絕望，也不要放棄。因為在自我療癒與自我修復的過程中，你將對自身的生命有更多的認識與理解，這就是療癒的好處。

在療癒中，你將體驗到生命的脆弱與眞實，這會讓你跟自己的靈魂更加貼近。

在療癒中，你會驚訝於生命的韌性與不可思議的內在力量，這個療癒歷程就是**讓你變成你自己、做「眞實自己」的歷程**，它會讓你變成**「你想要成為的那個人」**。

在療癒過程中，我們將會成為自己的拯救者、治療師，甚至是出色的哲學家，這就是創傷帶給我們的「禮物」。

「我的創傷療癒是否完成了？我是否都好了？」如果你眞想知道，以下幾項指標或許可以幫你做個檢視，請參考看看：

1. 我的「地雷」越來越少，**「情緒重現」**的頻率也越來越少，別人越來越難惹毛我了。
2. 我內在**自我批判（內在挑剔鬼）的聲音**越來越小。
3. 我的**「界線」越來越清楚**，我可以自在地說「不」，而不會感到自責或罪惡感。
4. 對於別人的評價、評語，我漸漸不太在乎，也不感興趣了。
5. 在權威面前，我越來越能放鬆，並能夠真實地表達自己。
6. 我可以接受不同意見，不會覺得別人是在找我的麻煩或批評我。
7. 我越來越可以用**真誠一致**的方式去與人溝通。我的**「真我」**越來越多，「假我」越來越少。
8. 我越來越能「直面」我的情緒，而不是用上癮的方式去逃避痛苦與困境。
9. 當我遇到挑戰時，我越來越少用４Ｆ（戰、逃、僵住、討好）方式去回應。
10. 我能夠自在地與人連結，享受親密關係，不會感到焦慮不安。
11. 當我一個人獨處時，我依然感到安然自在，不會那麼恐慌。
12. 我越來越能接受「我就是這樣」，而且允許自己不完美。
13. 我越來越能夠「活在當下」，焦慮感不再時時刻刻、如影隨形。

當你可以安靜下來，好好喝一杯茶、看一本書、聽雨聲、感覺自己的呼吸，恭喜你，**你的生命安穩了，這就是你療癒的「證據」**。

以上指標，如果你有做到其中幾項，就表示你的療癒大有進展，但並不表示你已經完全療癒了。

提醒您，**有進展就不錯了，請給自己拍拍手，請學習肯定自己**，這會是另一項進步。

請不要落入「全有全無」的「二元對立」思維，這就是讓你活著一直感到痛苦不堪的原因。

3 全方位的自我照顧，是創傷療癒的關鍵

溫和堅定地存在著，
做一個長期穩定的陪伴者。
當治療師安穩，個案就安穩了。

彼得是外商公司的高階主管。

活到四十歲，外人看起來他是成功的，有漂亮的頭銜、金錢、房子、車子，什麼都有了，但唯一沒有的，就是健康、快樂。

他患有焦慮症、憂鬱症、自律神經失調。他告訴我：這輩子他從來沒有快樂過。因爲他從小就是個受虐兒，永遠在爲父母而活、爲別人而活，他的生活只有工作、賺錢，還有一堆的安眠藥及抗憂鬱劑。

「創傷復原是一條漫長的路，但它卻是一條値得你走下去的路。因爲，你很重要，健康很重要。」我對彼得說。

生活本身就是一個大修行，我們得對自己有耐心。我經常提醒彼得：「不要太努力。有覺察就好，慢慢來，你已經走在療癒的路上，這就夠了。」

彼得是一個很努力的人，他一生都在爲別人努力，但這一次，他得爲自己努力。

他的個性很急，說話很快、呼吸很淺，因爲他很焦慮、害怕不完美。

陪伴彼得一年半，漸漸地，他的生命與呼吸都變慢、變安穩了。

現在的他已經可以慢慢說話，中間也可以停下來思考了。

以前的他一天工作都超過十二個小時以上，現在的他已經可以「允許」自己不要加班了。

下班以後，他不是去健身房運動，就是去河堤跑步或游泳，他的體重從九十公斤減到七十八公斤，以前的褲子都無法穿了。

假日他會找朋友一起吃飯聊天，或去美術館看展覽，不然就是安排兩天一夜的花東旅行。漸漸地，他的生活不再只有工作、家人，他開始有了自己的生活。而且，他也開始約會了。

現在，他已經不需要安眠藥就能入睡，而抗憂鬱的藥也早在半年前就停了。**這些都是他創傷復原的「證據」**。

在陪伴彼得的過程裡，讓我想起《深井效應》作者娜汀·哈里斯醫師對我們的提醒，她說：如果你有一個受虐的童年，如果你也曾經在父母的「毒性教養」下成長，那麼去「淨化」自己童年逆境這口「毒井」是必要的（毒井是一個隱喻）。

要如何淨化呢？娜汀．哈里斯告訴我們，如果你是一個治療師，你要做的就是：**「溫和堅定地存在著，做一個長期穩定的陪伴者。」**

我很喜歡**「溫和堅定」**這四個字，這代表治療師的生命狀態是安穩自在的。這對我而言是很大的提醒。如果我想幫到創傷者，那麼我得先療癒自己、讓自己安穩。**當治療師安穩，個案就安穩了。**

另外，**「長期穩定」**的陪伴也很重要。創傷復原是一條漫長的路，復原是需要時間的，無論是治療者或創傷者都必須有耐心，提供一段「長期穩定」且「善意」的陪伴關係是必要的，就像我跟彼得一樣。

有些個案跟我走了許多年，在長期穩定的陪伴下，我見證了他們的生命從開始的焦慮不安、張牙舞爪，到後來變得安穩自在、神情自若，這樣的生命轉化相當動人。

我開設私塾團體的目的，也是在提供「長期穩定」的陪伴關係。在私塾裡，我們都是創傷者，**「只有受過傷的人可以理解受傷的人」**，我們在故事裡相互看見、彼此扶持、眞誠相伴，私塾是集體療癒的道場，我們在這裡用愛療癒彼此。

在關係裡受傷，也在關係裡得到療癒，私塾設立目的就是如此，我很享受私塾所提供的溫暖與生命陪伴。

那麼創傷當事人要如何自我療癒呢？

娜汀．哈里斯的書裡提出了**「全方位的童年逆境（CA）治療」**概念，所謂「全方位」包括這六項：**睡眠**、**運動**、**飲食**、**正念**、**心理諮商**、**健康的人際關係**。

看到娜汀．哈里斯所提的「全方位自我照顧方案」，我笑了，完全認同。這其實就是我長期以來提供給我的個案的治療方向與建議。

在「全方位的CA治療」六項中，只有「心理諮商」這一項你必須靠專家（心理師）協助，其餘部分你都得靠自己。我覺得這是很重要的提醒：**因爲創傷療癒不光是專家的事，那是你自己的事**。

有些人去醫院看病，把責任統統丟給醫生，覺得我的病要好，都是你醫生的責任，這是錯誤的觀念。醫生開了藥，你不好好吃，開再多藥給你也沒有用。

有些人生病是自己的不良生活習慣與飲食所造成的，你胃痛，醫師給胃藥只是舒緩疼痛而已，治標不治本；如果回去你照樣大吃大喝、毫無禁忌，那再好的醫生、再好的藥都沒用。心理治療也是如此。

請覺悟：創傷復原之路就是自我修行之路，大部分你得靠自己。這點彼得辦到了。

彼得除了固定每兩週跟我晤談一次外，在我的鼓勵下，他開始運動、改變飲食、不加班、早睡早起、假日安排活動旅行、結交有趣的朋友，去做以前自己沒做過的事，包括參加十日閉關禪修。你看，娜汀．哈里斯提出的六點「全方位自我照顧方案」，他全都辦到了。我以他爲榮。

彼得終於找回了微笑與健康，不再認爲活著只是一場災難。現在的他越來越能享受生活，就算不加班、不升官、少賺點錢，就算讓父母失望，也沒關係，對他而言都無所謂了。

「活著開心最重要。」他淡定地說。

4 每一次的創傷，都是一場驚嚇，都要給自己好好收收驚

透過某種儀式，
去「哀悼」我們的創傷、「超渡」我們的傷痛，
讓我們擁有繼續前進的力量。

有一次工作坊，阿德分享自己小時候被家暴的故事。他說：「小時候父母經常工作不在家，有一次肚子餓了家裡沒東西吃，我就去偷摘鄰居的玉米，結果被發現了。鄰居跟爸爸告狀，爸爸很生氣，就把我綁在家門口毒打一頓。在眾目睽睽下被父親毒打，當時我痛得哇哇叫，身體很痛、心更痛。當時許多鄰居都跑出來圍觀，我感覺很羞恥，當下眞想去死算了。」

任何體罰對孩子來說都是一種巨大的羞辱，都會帶來一輩子無法抹滅的羞愧感。

然而就在阿德說故事的時候，另一位女學員阿月突然站了起來，走出教室。我以爲她要去上廁所，可是到下課前，她都沒有回來。

這堂課下課了，阿月才進教室。她走進教室，面有難色地走向我，對我說：「剛剛聽到阿德小時候被家暴的故事，我整個身體好難受，胸口很悶，坐立難安，於是我就尿遁，不想再聽了。」阿月很誠實，坦言內心的抗拒。

我跟她說：「沒關係，尊重自己當下的感覺，允許自己可以逃。」**這個「允許」很重要**。生命療癒不是頭腦的東西，它是無法強迫的，有時我們得順著生命走，所以「尿遁」是可以的。

課堂裡，我們經常會在別人的故事裡看見自己，瞬間把過去的創傷經驗給帶出來並感到難受，這是一種「**情緒重現**」。如果你還沒準備好、選擇逃避，這是可以的。沒關係，不急，先「看見」就好。**生命療癒自有它的節奏**。

我也好奇其他人是否也有這種感覺，於是休息過後、再度上課時，我就問大家：「上一堂課阿德的故事，有人也勾動自己過去的經驗、感到不舒服的嗎？」

有些人舉手，包括阿月，她舉得最快。

然後我試探性地邀約她：「妳想再多談一點嗎？」阿月不假思索地站起來，這讓我很訝異，我以爲她跟我說過後就不想再提了。

然後，她語氣激動地跟大家說：「剛剛聽故事的時候，突然間我整個身體都僵硬起來，很緊繃、害怕，因爲我想起了小時候爸爸媽媽吵架的情況。有一次爸爸脾氣爆發、動手打媽媽，媽媽不但還手，還大聲辱罵爸爸，結果兩個人邊打邊罵，那時我大概只有五歲，躲在一旁嚇得要死（**目睹暴力本身就是暴力，身心一樣會有創傷**）。」

說到這裡，阿月雙拳緊握，緊抱胸口，整個人縮在一起，身體顫抖，彷彿回到了當年的情境一般。

是的，**此刻當下，她已經回到了當年的「案發現場」，那個受到驚嚇的小小阿月已經出現了**。

於是我請她「維持這個姿勢」，繼續抱著胸、繼續顫抖。在這個動作裡，去好好感覺現在的身體（我開始進行BEST療癒）。

我：「現在身體是什麼感覺？如果我去問妳的身體，它會想說什麼？」

阿月馬上回我：「你們不要再打了。」她邊說、邊顫抖。那個恐懼的聲音告訴我，**當下的她確實已經回到當年那個受到驚嚇的五歲小女孩**。

我順勢往下帶，讓她把當年的恐懼、憤怒充分表達出來。

那個當下，當阿月回到「小阿月」身上，充分地去感覺當年的恐懼、害怕，在「持續的顫抖中」，我讓她把當年隱藏在身體裡的恐懼好好發洩出來（**顫抖是一種恐懼的象徵，更是一種能量的發洩**）。

做完恐懼情緒釋放以後，我丟給阿月一個抱枕，代表她的父母，請她對抱枕說說話。

此時的阿月突然生氣起來，對著抱枕說：「你們不要再吵了，統統給我閉嘴。你們很自私，知道嗎？一天到晚吵架，你們有顧慮到我的感受嗎？你們好自私。我受夠了。」她越說越生氣。

憤怒能夠表達出來是件好事。我請她再重複三遍：「你們好自私，我受夠了！」每說一遍，阿月的情緒就更加激動。然後她突然開始搥抱枕，展現她的憤怒。太好了，語言加上「動作」，對情緒的釋放有很大的幫助。於是我趁勢鼓勵她把內心積壓已久的憤怒，繼續充分表達出來。

「繼續搥、用力搥，沒關係。」我說。在我的鼓勵下，阿月邊搥邊哭。阿月搥了很久，直到最後沒力氣了，才慢慢緩和下來。

當阿月不再哭泣時，她的臉龐出現一種幽微的平靜。此刻，她內在積壓已久的憤怒終於「釋放」出來了。

接著，我遞給阿月另外一個抱枕，說：「這個抱枕是小時候的妳，她是小阿月，妳願意抱抱她、給她『秀秀』嗎？」

當下，阿月抱著「小阿月」，眼淚又開始從雙頰緩緩流下。

此刻，我開始做**「內在小孩療癒」**。

我：「請去感覺當時小阿月在父母衝突打架時，是什麼感覺？」

阿月：「她好害怕、好害怕。也很生氣，生氣爸媽一天到晚吵架。」

我：「她可以害怕？可以生氣嗎？」

阿月點頭：「可以（**允許情緒很重要**）。」

我：「妳想對小阿月說什麼？」

阿月溫柔地說：「不要害怕，我會陪妳。妳很乖，爸媽吵架不是妳的錯。」此時阿月緊緊擁抱著抱枕。

我：「很好。感覺妳很愛小阿月，妳會對她不離不棄、永遠陪伴她，是嗎？」

用現在充滿愛與力量的大阿月，去擁抱過去受傷的小阿月，這是BEST療癒的「撫慰」技術。

阿月點點頭，把小阿月抱得更緊。我讓她停留在此刻，去感覺「此刻的感覺」。此刻的她充滿了愛，她當起了自己的「好父母」，全心全意去照顧小時候被暴力威脅的自己。擁抱著小阿月，阿月充滿著愛意，過去父母做不到的事，現在她爲自己辦到了。

做完內在小孩療癒以後，我再請阿月閉上眼睛，去感覺現在的身體。

我：「現在身體是什麼感覺？」

阿月緩緩地說：「平靜，放鬆。」

我：「再去感覺一下，平靜、放鬆是什麼感覺？」

阿月臉上露出淡淡的微笑：「幸福的感覺。」

我：「好，請安靜停留在平靜、放鬆、幸福的感覺，去享受這樣的感覺。」

釋放了小時候壓抑的恐懼與憤怒之後，往往隨之而來的是身體會感到「放鬆、平靜」。當阿月可以扮演自己的「好父母」，去照顧、安撫、擁抱當年受傷的小阿月時，大阿月與小阿月此刻都同時感到幸福。

這是一場生命療癒的盛宴，更是阿月與自己和解的神聖時刻。

感謝阿月，感謝在場每位見證這個生命和解的觀眾。「見證」很重要，生命的轉化是需要被見證。**見證帶來療癒，不管是說故事者或聽故事者，都同時被療癒了**。

那天的課程，讓我內心充滿感動。最後，我邀請大家回去繼續好好照顧「小時候被受暴的自己」，我問大家：「回去以後，今晚你會想做什麼事來好好愛自己呢？」

然後阿月立刻舉手說：「我回去後要吃豬腳麵線，我要給自己壓壓驚。」此話一出，大家哈哈大笑。

沒錯。**每一次的創傷，其實都是一場驚嚇，我們都需要給自己好好收收驚**。

吃豬腳麵線是民俗傳統裡「壓驚、收驚」的儀式，這是一個好方法。我樂見她用這個儀式，去「**哀悼**」自己的創傷。

她說到做到。隔天早上，阿月一臉笑意、步伐輕盈地走進來。我猜是昨天的豬腳麵線發揮了作用吧。

一上課，阿月立刻跟大家分享，昨天一下課後，她就立刻去吃豬腳麵線了，吃得很開心。

她又說，昨晚回到家已經八點了，感覺身體好累，然後就跑去睡覺（做完情緒釋放以後，身體通常會很累）。結果她一躺下去就睡著了。半夜，她做了一個夢，夢見自己站在一個綠色山坡的大草坪上，望著藍天白雲，感到心曠神怡。夢境裡，她感到一種前所未有的輕鬆、舒暢與幸福。

或許是因爲昨晚睡了一個好覺、做了一場好夢，此刻說話的阿月容光煥發，臉色綻放光芒，像一朵盛開的花朵。

小時候的創傷當然不是一次工作坊就可以完全療癒，但我相信，這次療癒是她很重要的開始。

很高興我們一起「見證」了阿月創傷療癒的神聖時刻，於是我藉機說，爲了慶祝她的「重生」，我想送她一盆花當禮物（課堂裡我都會準備花來布置教室，這次剛好有盛開的粉紫色大岩桐花），阿月當場尖叫：「我昨天就看到這盆花了，心裡就很想要。」她笑得好開心，果然心想事成。

其實我送阿月這盆花是有目的的。藉此，我想畫龍點睛，去「照亮」她整個療癒的歷程與意義。我說：

一來，我要感謝阿月的勇敢，感謝她願意當眾分享自己童年創傷的故事。她的故事不只療癒自己，更療癒大家。

二來，我想感謝她吃豬腳麵線的**「收驚儀式」**示範。這是一個「自我照顧」的表現，更是「哀悼」創傷的好儀式。

三來，透過這個「贈花儀式」，讓我們大家一起再度當她的**「生命見證者」**，見證她的創傷療癒與生命重生。

透過贈花儀式與說明，如此更加深了她自我療癒的「力道」，這是一箭三鵰。在贈花儀式下，也爲這次 BEST 療癒畫下完美的句點。

「儀式」對創傷療癒的重要性

小時候你有「收驚」過嗎？

以前鄉下傳統民俗裡，當小孩子受到驚嚇時，媽媽就會帶著他到廟裡收驚，透過某些儀式，請求菩薩把孩子受驚嚇的魂魄給找回來。

這種宗教收驚儀式到現在還有，聽說台北行天宮就有志工在幫人收驚（以前我母親也會），據說去收驚的人很多，現場都大排長龍。

姑且不論這是否是迷信，但透過這樣子的「儀式」，讓人心裡感到平安是真的（你相信，就平安）。你說這是心理作用也對，但儀式的功能本身就在「安定人心」。

從小到大，其實我們所受到的驚嚇可多著呢，被大人恐嚇、批判、家暴、性侵、威脅、虐待，這些童年創傷帶來的巨大恐懼，都讓我們飽受「驚嚇」。

因此，**創傷療癒過程中，透過某種「儀式」，去幫小時候的自己「收收驚」，去「哀悼」我們過去的創傷，很有療癒的作用。**

收驚當然不一定都要透過「宗教」儀式，像阿月這樣去吃一碗豬腳麵線也可以。你也可以自創「收驚儀式」，包括幫自己點一支蠟燭，透過「零極限」做禱告，或寫一封信給小時候受到驚嚇的自己，去安慰他、疼惜他，這些都有收驚的效果。

透過某種儀式，幫助我們「哀悼」創傷、「超渡」過去的傷痛，如此我們才能活著，擁有繼續前進的力量。

5 什麼叫做愛自己？聽聽愛玲的故事你就知道

除了自己，
沒有人會比你更愛自己。

某次工作坊，一群生命勇士把自己帶來，勇敢地說著自己的故事。一位罹患乳癌的學員愛玲告訴大家，她很感謝自己罹患癌症，她說：「**癌症是她這一生中最好的禮物**。」此話一出，大家睜大眼睛，感到不可思議、很是驚訝。

愛玲解釋：

從小我就生長在一個重男輕女的大家庭，我是長女，從四歲起，我就開始做家事、照顧弟弟妹妹，永遠有忙不完的家務。

我沒有童年，我不會玩，我很羨慕在大院子裡玩跳繩的鄰居小孩，更羨慕他們在炎熱的夏天裡有冰棒可以吃。

在罹患乳癌之前，我的人生都在為別人而活。為家庭、為小孩，我的眼睛裡永遠只有別人、沒有自己，別人的需要永遠在我之前。這是我的生存模式。

我一輩子都在努力想要得到別人的肯定，尤其是父母的肯定。我總認為，我的存在必須透過他人的肯定與認同才算數。如今，我夢醒了，是癌症把我打醒的。我現在知道了，如果我自己不肯定自己，就算你做再多別人也不會肯定你的。

她的覺醒故事，如醍醐灌頂，教大家當下清醒。

如今她明白了：**過去所有企圖用討愛模式去得到愛的努力，都將徒勞無功。「除了自己，沒有人會比你更愛你自己。」**她堅定地說。

從今年三月發現乳癌開始做治療到現在，她歷經了四次化療。

她告訴我們，她的化療是自費的，她不用健保（癌症治療有健保）。她解釋：「健保雖然免費，但自費的藥比較好，不會掉頭髮，副作用也比較少。」她笑著指她的頭髮給我們看，確實頭髮都還在。

「那每次化療自費要多少錢？」我問。

「大約要四、五萬。」

「哇！妳好願意花這個錢！」大家都很驚訝。

她笑著說：「那當然，這時候不花，難道要等到我死了以後才花嗎？我沒那麼笨。」

她說：「**我想開了**。**一生辛苦賺的錢，當然要留給自己用**。**我要對自己好一點**。我過去很想不開，老想著要把好東西、錢留給家人、子女，其實人家也不見得會感激你。況且，他們自己也會賺錢，根本不需要你的錢，我當然要把錢花在自己身上。」

聆聽她的領悟，大家感嘆不已。但她愛自己的故事可不只如此。

一般人每次化療完，身體都很虛弱，需要休養一個禮拜，慢慢恢復體力。化療完往往為了省錢，大部分的人都會急著出院，在家休養、讓家人照顧。但是愛玲每次都選擇在醫院裡住一個禮拜、好好休養，而且還請了看護來照顧自己。

她解釋：「現在大家都很忙，孩子都要上班，要求家人請假來照顧你，其實是強人所難。而且，如果家人願意來照顧你還好，如果推三阻四不想來，那傷心難過的人還不是自己。又何必呢？」

哇，她果然看開了。

她又繼續說：「我現在生病了，要把能量放在養病上，我不想再耗費心力去管別人要不要來照顧我、愛我。反正我退休了，我有錢，請看護照顧我就好。」

此刻愛玲的眼神散發著自信的光芒，她淡定地說：「**別人要不要愛我，我管不著，但至少現在我要愛自己**。而且這些看護都很專業，反而照顧得更周全，人其實不需要一直依賴家人的。」

哇，大家聽得目瞪口呆，滿屋子讚嘆聲，她真的好、愛、自、己。

別急，不只如此，故事還沒完。

愛玲還說：「在醫院休養的時候，我是不吃醫院餐食的。醫院的餐不好吃，我都是叫月子中心的餐食，他們有特別針對癌症患者需要補充營養的餐點，好吃又營養。雖然貴一點，每天要多花一千多元，但我吃得開心、胃口很好，體力恢復得也很快。」

難怪她的氣色看起來跟一般人無異，甚至更好，完全看不出來她是一個癌症病人。**原來人是可以這樣愛自己的**，見識到了。

愛自己，真的是要學習的，這可不是一件容易的事。

當場，我嘆了口氣，感慨萬千地說：「**希望我們都能盡早學到這件事，不要等到生病、得癌症、面臨死亡時，才來愛自己。**」

不管你的童年有多悲慘，不管過去你的身心有多麼千瘡百孔，都請不要放棄自己、坐視不管，不要讓創傷「綁架」你一輩子。自己的快樂自己創造，愛不愛自己，是可以由你決定的。

記住，過去被傷害不是你的錯，但現在把自己療癒回來是你的責任。

6 在關係裡受傷，也在關係裡得到療癒

一個人想要變好，是因為他有被愛的感覺。
你的世界，與他人無關，
你只要去在乎那些在乎你的人就好。

有些人的一生，暴力總是如影隨形。

這是一個奇怪的現象：有些人出生在一個暴力家庭，小時候父母虐待他，但長大以後他所遇到的人，卻一樣也會虐待他，對他暴力相向。

爲什麼我們總是吸引有暴力傾向的人來到我們身邊呢？難道這是宿命嗎？

不，請不要相信命運。一旦你相信宿命，你就會被命運給綁架。請相信自己，你才是命運的主人。

這個道理其實是可以解釋的。

從小被虐待會讓我們變得「低自尊」、沒自信，也會讓我們誤以爲：「我是不值得被

愛的。」（這當然是一種誤解）如果沒有去療癒創傷，「低自尊」會是我們一輩子的心理狀態，造就我們在日後的關係裡**「無界線感」**：你會一直討好別人，面對權威暴力，你會不懂得保護自己，你會不敢說不、不敢拒絕，於是你的界線就會不斷被侵犯，重複陷入新的暴力關係裡，不斷循環。你的暴力宿命是這樣來的，但它其實不是宿命，那是你自己創造出來的。

我經常提醒個案：雖然你的家庭、父母都不是你可以選擇的，但現在你長大了，**「所有的關係」都是你可以選擇的，包括你的婚姻、愛情、友誼、工作。**

如果不幸遇到恐怖情人，他跟你父母一樣，忽視你、控制你、批判你、虐待你、甚至打你，不用考慮了，速速遠離爲上策。你需要的是一段愛與滋養的關係，還是一種虐待的關係？只要腦袋清楚，你就知道該怎麼做了。

伴侶是可以選擇的，何況是朋友，甚至你的老闆。

如果這個朋友老是批評你、嫌棄你、潑你冷水，這樣的朋友不要也罷，立刻「刪除」，不要猶豫。

如果你的老闆老是挑你毛病，當眾汙辱你，夠了，馬上把他 fire 掉。只要你有本事，還怕找不到工作嗎？

記住，遠離暴力是愛自己的第一步。愛自己，請不要讓自己再度受傷害。

如果要進一步療癒自己，最好的辦法就是跟「**善待你、在乎你**」的人在一起。我們在關係裡受傷，但我們也可以在關係裡把自己療癒回來。

「**友善關係**」是具有療癒性的。跟善良、充滿善意的人在一起，就會帶給你療癒的力量。你不需要跟每個人做朋友，也不用在乎別人怎麼看你，你的世界，與他人無關。**你只要去在乎那些在乎你的人就好**。

活在友善的關係裡，會讓我們感到愉悅、有價值、有自尊並感到快樂。

活在愛的關係裡，會讓你每天帶著微笑起床，面對今天的日子充滿希望與盼望。

人需要愛、需要被善待，這是人性，請認清這一點，不要騙自己。

「**一個人想要變好，是因爲他有被愛的感覺。**」請牢牢記住這句話。

7 有意識地感覺身體的存在，你就感覺到自己的存在

聆聽身體的聲音，回應身體的需要，彷彿它是你的 baby 一樣。自我撫慰是提升低自尊最好的方法。

想要療癒小時候因爲被貶抑、被忽略造成我們「低自尊」的最好方法，就是回到身體裡自我照顧。這怎麼說呢？

現在人的身心其實都很孤單、很荒涼。

因爲小時候我們經常被父母忽略、很少被擁抱、缺乏關愛，於是長大以後，造成我們低自尊。低自尊會讓你感覺自己「不重要、不值得被愛」，低自尊者因爲缺乏擁抱、缺乏愛，所以心裡經常感到孤單，身體經常感覺荒涼。

人是需要被看見的，我們活著需要有「存在感」。身體缺乏接觸，人就缺乏存在感，這是我們身心感到荒蕪的原因。

「我先生已經很久都沒碰我了。」一位婦女帶著落寞的神情、哀傷地對我說。他們已經很多年沒做愛了，甚至連擁抱都沒有。她的身體荒涼得很。

現在人總是手機不離身，一天到晚看LINE或微信、臉書、IG，爲什麼？因爲我們需要被看見、被點讚，我們需要有「存在感」，透過他人來確認自己的「存在」（這是「關係理論」）。

自我存在感很重要。但我們要如何重拾**「自我存在感」**呢？其實不是向外求，而是向內看。

你只要：好好**覺知自我，有意識地去感覺身體的存在**，學習照顧自己、「撫慰」自己的身體，你就會感覺到自己的存在。這幾年的治療經驗告訴我，創傷療癒最好的途徑，就是從身體做起。

透過身體能量手療可以讓荒蕪的身體感到溫暖、安適。當下，你就會感覺自己的「在」。

當身體被友善接觸，身體的**「存在感」**當下就會彰顯出來。因爲身體被溫柔碰觸時，體內的能量就會慢慢流通、流動。流動，療癒就會產生。

當身體被照顧時，它感到滿足，它會被看見；當它的「存在感」與愛的需求被滿足了，身體就會感到舒適、安穩、踏實。

當身體被撫慰時，過去被**「凍結」**在身體內的情緒與創傷，就得以慢慢**「解凍」**，一旦解凍，療癒就漸漸產生。這就是身體能量手療的背後原理。

手療的原理其實很簡單，請問嬰兒除了食物以外，他最需要的是什麼？不就是溫暖的擁抱嗎？

當嬰兒被擁抱、被溫柔撫摸時，他會感覺到**「自己是被愛的」**。每個人都渴望被愛，愛能提升我們的自尊、自我價值感，讓自己感覺被重視、有存在感。所以**身體能量手療其實就是愛的療癒**。

雖然你長大了，但我們的身體對**「愛的渴望及被擁抱」**的需求不會因此而減少，有時反而更強烈，因爲內在那個孤單的小孩還在。

現在，當我們學會擁抱自己、撫慰自己的身體時，你就等於在告訴自己「我是值得被愛的」，如此你就可以「改寫」小時候不被愛的故事。因此我發現：**自我撫慰是提升自尊最好的方法**。

愛自己也可以不求人。運用身體能量手療來撫慰身體、自我照顧，可說是既經濟又實惠的作法，這也是爲什麼我在課堂裡極力推廣手療的原因。因爲，我們是如此需要愛、渴望愛。

除了身體手療以外，平日我們也可以運用各種方法來「撫慰」、照顧自己的身體，讓身體感到溫暖、被關愛。這些照顧身體的方法包括：**身體按摩**、**做SPA**、**泡熱水澡**、**泡**

溫泉、喝一杯熱茶、與人擁抱、抱寵物、抱抱枕、靜心、做瑜伽、與溫暖的人接觸、讓自己被關心、被在乎、吃新鮮有能量的食物等。

身體會說話，身體不說謊。你怎麼照顧它，它就怎麼回應你。

當你運用上面的方法來照顧自己時，你的身體就會感到舒服、溫暖、流動、安全且**「心滿意足」**。

其實快樂沒有那麼難，只要你**好好去回應身體此刻的需要**，讓身體感到舒適、愉悅，當下你就會快樂。

創傷療癒最終還是要靠自己，不能只靠專家，我們得學會愛自己。

愛自己最簡單的作法，就是從身體照顧開始。有意識地去感覺自己身體的「存在」，**聆聽身體的聲音，「回應」身體的需要**，這就是照顧身體最好的方法。

有一次課堂裡我教大家做身體能量手療，做完後，一位學員突然恍然大悟地說：「以前常聽人家說人要愛自己、愛自己，但感覺『愛自己』好抽象喔，我都不知道如何做起。剛剛做手療，當我按摩自己的身體時，我突然發現，原來愛自己很簡單，其實我只要好好聆聽身體的聲音、去滿足身體此刻的需要就好了。它餓了，我就給它吃，累了，我就好好休息睡覺，這就是愛自己了。原來愛自己就是這麼簡單，以前我真的很不愛自己。」說完，她哈哈大笑。

是的，她說得一點都不錯。但我們不愛自己，這不能怪我們，因爲從小我們的父母、家庭、社會，都沒有教我們如何愛自己這件事，不是嗎？

沒關係，現在學，爲時不晚。

現在你知道了：身體不是一個「工具」，更不是一副「臭皮囊」，身體是靈魂的殿堂，珍愛身體、禮敬身體，就是禮敬自己。

珍愛身體的最好方式，就是把身體當做是自己的孩子（baby）一般，好好愛它，去回應身體（孩子）的需要。

自我照顧、愛自己，說得容易，做到卻很難。

愛自己這門功課我也學了幾十年，到目前都還在學習中，以下是我這幾年的心得，請你參考看看：

1. 好好地吃：注意進入你身體的食物，不要亂吃，也不是吃飽就好。人過了中年，身體代謝變慢，開始有三高問題，此時飲食很重要。

建議最好不要吃宵夜，盡量吃天然食物，不要吃加工食品。多吃蔬菜水果。多喝水，喝溫開水，不要喝冰水，少喝手搖杯飲料。均衡的飲食絕對是健康的關鍵。

2. 節制飲食：不要暴飲暴食，或過度節食，吃得剛剛好最好。

值得注意的是：暴飲暴食不只是飲食習慣問題，其實更是「情緒」問題。暴食症其實跟童年創傷有很大關連，如果你小時候沒有被愛夠，身心會感到空虛，於是你就會用吃（食物）來填補空虛、填補內在「愛的匱乏」。所以如果童年創傷沒有療癒好，身體沒有得到足夠的愛，你的暴食問題通常不容易解決。

3.身體保暖：身體是需要溫暖的。冬天時我很喜歡去泡溫泉，或晚上睡前泡熱水澡（或泡腳），一旦身體溫暖了，整個身心就會感到舒適、滿足，這是最簡單的自我照顧法。

4.不要讓身體暴露在暴力的環境：這點很重要，包括家人吵架、噪音、爭吵、電視血腥畫面等，都請盡量遠離。在路邊如果看到有人爭吵、打架，不要好奇跑過去湊熱鬧，趕快閃避，因為那不干你的事，不要去「沾染」負向能量。我本身很怕吵。每次經過馬路施工，機械聲很大時，我一定快閃或繞道而行，我想保護自己，不想讓噪音對我的身體造成不適。

5.多多擁抱：身體是需要被擁抱的，它需要感覺到自己被愛，擁抱本身就是一種治療。如果你有親密愛人、友善的朋友可以抱，當然最好。如果沒有，那你可以練習自己抱自己或擁抱寵物，或找個舒服的抱枕、布偶來抱都可以。

6.身體按摩、做SPA：除了做愛以外，身體按摩是撫慰身體、讓身體知道它被愛最簡單的方法。有時候花一點金錢去照顧自己的身體是值得的，不要小看那一、兩個鐘頭讓身體被溫柔地按摩觸碰的效果，好的按摩師所帶給你的「體感經驗」絕對是能量滿滿、充滿療癒的。

7.規律的運動：爲什麼每次運動完以後，人都會感到神清氣爽呢？因爲運動讓體內能量流動，能量流動了，人就有活力、有健康。

哈佛醫學院精神科臨床助理教授約翰．瑞提醫師（John J. Ratey, MD）指出，運動能促進多巴胺的分泌，達到改善情緒、增加幸福感與提振注意力的功能。他甚至發現：運動可以降低罹患憂鬱症的機率，因爲運動能調節腎上腺素，發揮喚醒大腦、保持大腦正常運作與建立自尊心的抗憂鬱效果。

運動是讓身體能量產生流動最快的方式。運動的好處不用多說，其實大家都知道，我們最缺的只是行動。沒有藉口，去動動自己的身體吧。

8.充足睡眠：睡眠是恢復疲勞、補充能量最好的方法。現代人晚上都捨不得睡覺，不是追劇，就是滑手機。睡眠不足不只影響身體健康，更會影響工作效率、人際關係（因爲你會變得沒有耐性）。累了，就趕快去睡吧，請多愛自己。

9.靜心正念：靜心正念是覺知身體最好的方法。當你可以保持覺知，時時觀照身體、聆聽身體、跟身體產生連結，並回應身體的需要，那麼你活著就會有存在感、感到踏實，你的心就不會荒蕪、空洞、孤單。

10. 接觸大自然：人的身體其實是大自然的一部分，身體需要與大自然、與土地連結，吸收大自然的「氣」。

這幾年山上徒步已經成爲我生活的一部分。只要一有空，我就會到森林裡漫步、大口深呼吸、做森林浴、吸收負離子和芬多精，這是一種「能量交換」。有人說這是「洗肺」也很貼切，把體內不好的氣（能量）排除，把森林裡好的能量吸入體內，這樣的流動與清理，對身體絕對有益。

每當我走到山頂時，我就會把鞋子脫掉，赤腳去踩樹根，或踏在土地上接「地氣」，吸收土地的能量。我發現，每次踩土地二十分鐘後，原本我慘白的雙腳馬上就變得紅潤了。

自從開始山上徒步以後，這幾年我幾乎沒感冒過，氣色也比以前紅潤健康許多。

愛自己不嫌晚，現在就行動吧！

8 愛自己，就從身體照顧開始

當你決心要愛自己時，沒有人可以阻止你。
當然，如果一個人決心不愛自己，
誰也沒辦法阻止他。

因爲童年被遺棄的創傷經驗，讓美玲一直活在焦慮中。

從小她就活在恐懼中，擔心很多事。擔心自己哪裡做不好會被罵、擔心爸爸喝酒會打人、擔心媽媽會離家出走。一直到長大，焦慮從來沒有一刻離開過她。

在工作裡，她擔心同事會不喜歡她、擔心老闆會說她不好；在家裡，她擔心女兒生病、功課不好，如果先生唸她一下，就會讓她焦慮一整天。

焦慮症讓美玲長期肩頸痠痛、背痛、腰痛、胃痛，全身痠痛讓她長期無法好好睡覺、好好生活。

有一回諮商時她告訴我，她的床墊從結婚睡到現在，已經快二十年都沒換過，她睡得很不舒服，老早就想買一個新床墊、讓自己睡得好一點。但先生反對，因爲先生很節省，認爲床沒有壞不用換。

爲了說服先生換床墊，他們經常爭吵。經過晤談後，她決定換張新床墊，她想要開始愛自己。如她所說，買床墊是用她自己賺的錢，又不是花先生的錢，先生沒理由反對啊。

我很支持她愛自己的行動，我跟她說：**「妳很重要，妳是值得睡好床的。」**這三個字**「妳值得」**讓她當場淚流滿面。

美玲決心要愛自己，並立即展開行動。諮商完畢，她立刻跑去百貨公司看床墊。

「當你決心要愛自己時，沒有人可以阻止你。當然，如果一個人決心不愛自己，誰也沒辦法阻止他。」我始終認爲。

美玲告訴我，她想通了。她尊重先生「不愛自己」的決定，但她也要尊重「我要愛自己」的決定。所以，她決定買一個床墊放在隔壁房間給自己睡。至於先生喜歡睡舊床墊，那他就去睡吧，她尊重他。這個決定讓她很興奮，興奮到一個晚上睡不著覺。

一個小小的換床墊行動，竟然讓美玲興奮到睡不著覺，很有趣，可見「愛自己」所帶來的正能量有多強大。我猜此刻她的身體一定很開心：「喔，主人終於看到我、要照顧我了。」

美玲說自己從沒買過床墊，不知道要怎麼選？我跟她說：「一張好床關係到睡眠品質，睡眠很重要，所以床很重要，這個錢不要省。在妳的預算內去找到最適合妳的床吧。」

我建議她到百貨公司或賣場親自去躺躺看，我告訴她：「躺的時候，身體要全然放鬆，**用身體去感覺，相信直覺**，妳的身體自然會告訴妳哪一張床最舒服、最適合妳。」

兩週後，美玲走進諮商室，滿臉笑意，告訴我她已經買了新床墊。她說買之前她很認眞地到處去看床墊、躺床墊，那幾天她快樂得不得了。**「我已經很久很久沒這麼快樂了。」**她說。

最後，她終於找到一張自己喜歡的床墊，她形容：「躺下去感覺像是躺在雲裡一樣，好舒服啊。」買回床墊那一晚，她又興奮到失眠，因爲，實在太開心了。

聽她這麼說，我覺得不管她花多少錢都是值得的。健康無價、快樂無價。

當你下定決心要愛自己時，你的身體一定會知道，身體會收到訊息，而且會很開心：「啊，主人終於看見我了。」

關注身體，就是專注自己。實踐愛自己，就從身體自我照顧開始吧。

當你決定要愛自己時，沒有人可以阻止你。其實最阻止你愛自己的人，不是別人，就是你自己。

美玲終於學會愛自己了。那你呢？

附錄：本書精采語錄重現

◎你受過傷，但你不必再痛。

◎心理治療的目的，是在讓不安的靈魂、焦慮的身體，得以安歇罷了。

◎童年的創傷，身體知道。身體會說話，身體不說謊。

◎情緒流動，身心就不痛。

◎一個人想要變好，是因爲他有被愛的感覺。

◎在生命的受傷處，讓我們找到療癒的解藥。

◎你的脆弱，就是你的力量。

◎痛，帶來改變的力量。

◎照顧身體，彷彿它是你的 baby 一樣。這就是愛自己。

◎透過某種「儀式」，幫小時候創傷的自己「收收驚」，這是哀悼童年創傷的好方法。

◎直面情緒、接納情緒、與情緒同在，你就是情緒的主人。

◎深呼吸，回到呼吸、感覺呼吸、感覺你的身體。正念覺知，是BEST身心療癒的第一步。

◎感受是一把鑰匙，透過它，你才能夠覺察自我，爲自己療傷。

◎生命的痛是無法只用頭腦去理解的，你必須去感受它、「經驗」它。「不入虎穴，焉得虎子」，感覺痛，才能夠讓你不再痛。

◎情緒是沒道理的，那是身體潛意識的反應，也是身體記憶的「重現」。

◎嬰幼兒的生存狀態是：只有感受，沒有語言。回到嬰幼兒時期的「體感經驗」是創傷療癒的一大關鍵。

◎童年創傷不是羞恥、不是業力，更不是你的錯。面對痛苦，才得以「轉化」痛苦，讓它成爲你生命的養分。

◎承認受虐，承認自己受傷，是療癒的第一步。

◎讓你最痛苦的，不是以前造成你痛苦的事件，而是現在你否認當年讓你痛苦的事件。

◎否認情緒，就是否認生命，當你否認創傷，你就放棄了自救的解藥。

◎從感受到接受，是療癒創傷的必經之路。

◎身體是情緒的傳導器，也是接收器，身體是潛意識的資料庫。

◎BEST創傷治療就是把「無意識」的情緒反應，變成「有意識」的覺察。

◎靜心正念是覺知身體、進入潛意識的一把鑰匙。

◎你的世界，與他人無關。你只要去在乎那些在乎你的人就好。

◎創傷復原不是直線進行，它往往是「前進一步，退後兩步」，來來回回的歷程。

◎創傷復原不是恢復原狀。復原之後，你已經不是原來的你，你會變成一個更加眞實、慈悲、安穩的自己。

◎抗拒讓你失去力量，眞實讓你重拾自己的力量。

◎除了自己，沒有人會比你更愛你自己。

參考書目

◎**《第一本複雜性創傷後壓力症候群自我療癒聖經：在童年創傷中求生到茁壯的恢復指南》**；作者：彼得・沃克（Pete Walker）；譯者：陳思含；出版社：柿子文化。

◎**《深井效應：治療童年逆境傷害的長期影響》**；作者：娜汀・哈里斯（Nadine Burke Harris）；譯者：朱崇旻；出版社：究竟。

◎**《幸福童年的祕密》**；作者：愛麗絲・米勒（Alice Miller）；譯者：袁海嬰；出版社：心靈工坊。

◎**《身體不說謊：再揭幸福童年的祕密》**；作者：愛麗絲・米勒（Alice Miller）；譯者：林硯芬；出版社：心靈工坊。

◎《夏娃的覺醒：擁抱童年，找回眞實自我》；作者：愛麗絲・米勒（Alice Miller）；譯者：林硯芬；出版社：心靈工坊。

◎《童年情感忽視：爲何我們總是渴望親密，卻又難以承受？》；作者：鍾妮斯・韋伯（Jonice Webb）；譯者：張佳棻；出版社：橡實文化。

◎《如果我的父母是控制狂：如何設定界線、自我修復、終止控制的世代循環？》；作者：丹・紐哈斯（Dan Neuharth）；譯者：祁怡瑋；出版社：橡實文化。

◎《不只是憂鬱：心理治療師教你面對情緒根源，告別憂鬱，釋放壓力》；作者：希拉莉・雅各・亨德爾（Hilary Jacobs Hendel）；譯者：林麗冠；出版社：時報出版。

◎《療癒，從感受情緒開始：傷痛沒有特效藥，勇於面對情緒浪潮，就是最好的處方箋》；作者：留佩萱；繪者：Mo Pan；出版社：遠流。

Eurasian Publishing Group
圓神出版事業機構
用心與你對話．視野無限寬廣
方智出版社
Fine Press

www.booklife.com.tw reader@mail.eurasian.com.tw

自信人生 168

情緒治療：走出創傷，BEST療癒法的諮商實作

作　　者／周志建
發 行 人／簡志忠
出 版 者／方智出版社股份有限公司
地　　址／臺北市南京東路四段50號6樓之1
電　　話／（02）2579-6600．2579-8800．2570-3939
傳　　真／（02）2579-0338．2577-3220．2570-3636
總 編 輯／陳秋月
副總編輯／賴良珠
主　　編／黃淑雲
責任編輯／陳孟君
校　　對／溫芳蘭．陳孟君
美術編輯／簡　瑄
行銷企畫／陳禹伶．朱智琳
印務統籌／劉鳳剛．高榮祥
監　　印／高榮祥
排　　版／陳采淇
經 銷 商／叩應股份有限公司
郵撥帳號／18707239
法律顧問／圓神出版事業機構法律顧問　蕭雄淋律師
印　　刷／祥峰印刷廠
2020年12月　初版
2024年6月　14刷

定價390元　ISBN 978-986-175-573-1

今天起，請你「自己當自己的好父母」。
如此，你就擺脫了命運的捉弄。
當你拒絕當一個怨天尤人的受害者時，你就成功超渡自己了。
——《跟家庭的傷說再見：與生命和解的故事療癒》

國家圖書館出版品預行編目資料

情緒治療：走出創傷，BEST療癒法的諮商實作／周志建 作.
-- 初版. -- 臺北市：方智，2020.12
376 面 ；14.8×20.8公分. --（自信人生；168）
ISBN 978-986-175-573-1（平裝）

1.心理治療 2.心理創傷

178.8　　109016684